Sekundarstufe

Friedhelm Heitmann

# Geschichte unseres Planeten ERDE

AF707955

## Eine Reise durch 4,6 Milliarden Jahre

**Wie aus einer glühenden Gesteinskugel aus Magma unser blauer Planet wurde**

Lernen mit Erfolg
KOHL VERLAG
www.kohlverlag.de

# Geschichte unseres Planeten Erde

## Eine Reise durch 4,6 Milliarden Jahre

1. Auflage 2024



Inhalt: Friedhelm Heitmann
Umschlagbild: © abrilla - AdobeStock.com
Redaktion: Kohl-Verlag
Grafik & Satz: Eva-Maria Noack / Kohl-Verlag
Druck: farbo prepress GmbH, Köln

**Bestell-Nr. 13 031**

**ISBN: 978-3-98841-074-0**

**Bildquellen © AdobeStock.com:**

**S. 5**: angel_nt; **S. 6**: WithanTor; **S. 7**: designua; **S. 9**: PATTARAWIT; **S. 11**: Christoph Burgstedt; **S. 13**: Sven; **S. 16**: Maygutyak; **S. 18**: Christoph Burgstedt; **S. 20**: tinkivinki (bearb.); **S. 21**: Thorir; **S. 22**: Guido Miller; **S. 24**: michal812; **S. 25**: michal812 (5x); **S. 27**: KB3; **S. 28**: ingusk; **S. 30**: sumikophoto; **S. 33**: Daniel Bergmann; **S. 35**: volki; **S. 36**: Willy, Schlotheimia; **S. 37**: Alexander; **S. 38**: elif; **S. 39**: ievavincer2, Marek R. Swadzba; **S. 42**: EdNurg; **S. 48**: AVTG, Jenny Sturm, magann; **S. 49**: Markus Volk, Stefan Schäfer, Eberhard; **S. 51**: George Fontana; **S. 53**: katakari; **S. 54**: Joseph; **S. 55**: Sasa Kadrijevic; **S. 56**: vectorplus, kasheev;

**Bildquellen © wikimedia.org**:

**S. 10**, **S. 19**: USGS; **S. 23:** Richenza; **S. 24:** James St. John, Karelj, Genet; **S. 25**: ArtMechanic; **S. 26**: Wolfgang Meinhart, Hamburg; **S. 28**: Beao; **S. 40**: Zureks; **S. 43**: GerritR; **S.44/45**: Botaurus-stellaris; **S. 48**: Jacquesverlaeken, Veliensis; **S. 49**: Achim Raschka, Dekanda; **S. 50**: Captain Blood, Batholith; **S. 55**: André Karwath

**Bildquellen © cliparts.com**: **S. 34**

# Inhalt



GESCHICHTE UNSERES PLANETEN ERDE
Eine Reise durch 4,6 Milliarden Jahre – Bestell-Nr. 13 031
KOHL VERLAG

# Inhalt



# Vorwort

**Liebe Kolleginnen, liebe Kollegen,**

die Welt kennen und verstehen (lernen) – dazu sollte auch der Erwerb von basalen Kenntnissen sowie Erkenntnissen über die Entstehung und Entwicklung der Erde gehören. Orientiert an der Vermittlung von Allgemeinwissen sowie Allgemeinbildung befasst sich der vorliegende Band mit wesentlichen Vorgängen aus der Vergangenheit unseres seit etwa 4,6 Milliarden Jahren bestehenden Planeten.

Die Betrachtung der Erde erfolgt unter diversen Gesichtspunkten (siehe Inhaltsverzeichnis). Der Band bietet vielfältige Informations- und Arbeitsblätter mit wechselnden, ja abwechslungsreichen Aufgaben für den Unterricht an. Die Info-Texte sind allgemeinverständlich verfasst und ganz bewusst relativ kurz. Vorgesehen ist das Werk in erster Linie für den Einsatz in höheren Klassenstufen der Sekundarstufe I, vor allem in den Schulfächern Geographie, aber auch Biologie.

Aus dem Werk lassen sich gezielt einzelne Informations- und Arbeitsblätter auswählen. Die Auswahl bleibt den Lehrkräften überlassen. Die Materialien des Werkes können auch komplett als Ganzes im Rahmen eines Projekts „Erdgeschichte" im Unterricht benutzt werden.

Sollten Sie im Band Fehler entdecken, so sei an dieser Stelle vorweg für Hinweise darauf gedankt, ebenfalls für sonstige Verbesserungsvorschläge und Anregungen.

Viele Erfolge bei der Verwendung der vorliegenden Materialien im Unterricht wünschen Ihnen der Kohl-Verlag und

Friedhelm Heitmann

*Aufgrund der besseren Lesbarkeit wird im Folgenden die männliche Form Schüler bzw. Lehrer verwendet. Gemeint sind damit selbstverständlich auch die weiblichen Personen.*

**Anmerkung**:
Im dargebotenen Werk geht es u. a. um das Thema Plattentektonik.
Zu diesem Thema sei auf den von Friedhelm Heitmann ebenfalls im Kohl-Verlag veröffentlichten Band hingewiesen:
**Friedhelm Heitmann: Plattentektonik – Vulkane, Erdbeben & Co**;
erstmals erschienen 2015; Bestell-Nr. 11 769

# Das Universum

Bevor wir uns mit der Entstehung sowie der Entwicklung der Erde befassen, werfen wir vorweg einen kurzen Blick auf das Universum. Die Erde ist ja ein Bestandteil des Universums. Als Universum bezeichnet man die Welt insgesamt gesehen.

*universus* (lat.) = (ins)gesamt, ganz

Mit gleicher Bedeutung werden für das Universum auch die Begriffe Kosmos und Weltall gebraucht.

*cosmos* (griech.) = Weltordnung; Weltall = Verkürzung für Welt + alles

Wissenschaftler datieren das Alter des Universums auf etwa 13,8 Milliarden Jahre. Die Entstehung des Universums führte im Laufe der Zeit zu unzähligen Sternensystemen (= Galaxien) sowie darin gelegenen unvorstellbar vielen Himmelskörpern verschiedener Art.

*gala* (griech.) = Milch

Wodurch das Universum entstand, das sich derzeit weiter ausdehnt, ist bisher nicht (genügend) geklärt. Am häufigsten vertreten wird die Theorie des Urknalls.

*theoria* (griech.) = Anschauung, Betrachtung

Gemäß dieser Theorie kam es beim Urknall zu einer gewaltigen Ausdehnung sehr dicht zusammengedrängter Materie, die sich danach rundum weiter verbreitete.

*materia* (lat.) = Stoff, Material

Die Theorie des zyklischen Universums besagt, dass das Weltall zeitlich unbegrenzt existiert und sich kreislaufartig ausgedehnt sowie schließlich wieder zusammenzieht – vergleichbar mit einem aufblasenden und danach erschlaffenden Ballon –, bis es zum nächsten Knall kommt.

*cyclicus* (lat.) = kreisförmig

Es gibt u. a. auch die Theorie, das Universum könne durch den Zusammenstoß zweier Universen entstanden sein …

EA **Aufgabe**: *Was kannst du nun zum Universum sagen? Notiere selbst formulierte Sätze. Schreibe auf ein Extrablatt.*

# Die Entstehung der Erde

EA

**Aufgabe**: *Setze die folgenden 10 Wörter in den anschließenden Sätzen an der jeweils richtigen Stelle ein.*

**Altersbestimmungen – Erde – Gebilden – Geburt – Himmelskörper – Partikel – Planeten – Sonne – Wissenschaft – Wolke**

1. Aufgrund von hauptsächlich radiometrischen Altersbestimmungen wird heutzutage in der ____________________ davon ausgegangen, dass die Erde vor ca. 4,6 Milliarden Jahren entstanden ist.
2. Radiometrische[1] ____________________ besagen: Aus der konstanten Verfallsdauer von radioaktiven Stoffen lässt sich ihr jeweiliges Alter berechnen.
3. Die Entstehung der Erde ging aus der ____________________ unseres Sonnensystems hervor, in dessen mittlerem Bereich sich bekanntlich unsere Sonne befindet.
4. Wissenschaftler nehmen an, unser Sonnensystem entwickelte sich aus einer riesigen, sich drehenden ____________________, bestehend aus Gas, Staub sowie Gesteinsbrocken.
5. Die Wolke enthielt wahrscheinlich auch ____________________ (= Teilchen)[2] von einem oder vielleicht sogar mehreren explodierten Sternen.
6. Aus einem Teil dieser Riesenwolke wurde unsere ____________________.
7. Manche andere Teile wurden zu ____________________, die sich auf ellipsenförmigen Bahnen um unsere Sonne beweg(t)en.
8. Zudem bildeten sich in unserem Sonnensystem weitere ____________________ wie Monde, Asteroiden, Kometen …
9. In unserem Sonnensystem verklumpten kleinere Teilchen zu größeren ____________________.
10. Bei ihrer Entstehung ähnelte die ____________________ einem glühend heißen „Feuerball".

[1] radiometrisch = Messung von Strahlung; *radius* (lat.) = Strahl; *metrikos* (griech.) = auf Messen, Messungen bezogen

[2] *particula* (lat.) = Teilchen



GESCHICHTE UNSERES PLANETEN ERDE
Eine Reise durch 4,6 Milliarden Jahre – Bestell-Nr. 13 031
KOHL VERLAG

# Erde, Theia und Mond

Heutzutage nehmen Wissenschaftler u. a. aufgrund von seismischen[1] Untersuchungen (≈ mit Hilfe von Schallwellen) an:

In ganz früher Zeit stieß die Erde mit dem vermuteten, aber nicht mehr existierenden Planeten Theia zusammen. Dies geschah vermutlich vor etwa 4,5 Milliarden Jahren. Theia ist – übernommen aus der griechischen Sagenwelt – benannt nach der Mutter der Mondgöttin Selene.

Der Zusammenstoß der Erde mit Theia wird als gigantisch (≈ überaus gewaltig) eingeschätzt. Aus den Trümmern des Zusammenstoßes soll sich der Erdmond (= „unser Mond") gebildet haben. Die Wissenschaft geht davon aus, dass der Erdmond zunächst ganz aus flüssigem Gestein bestand.

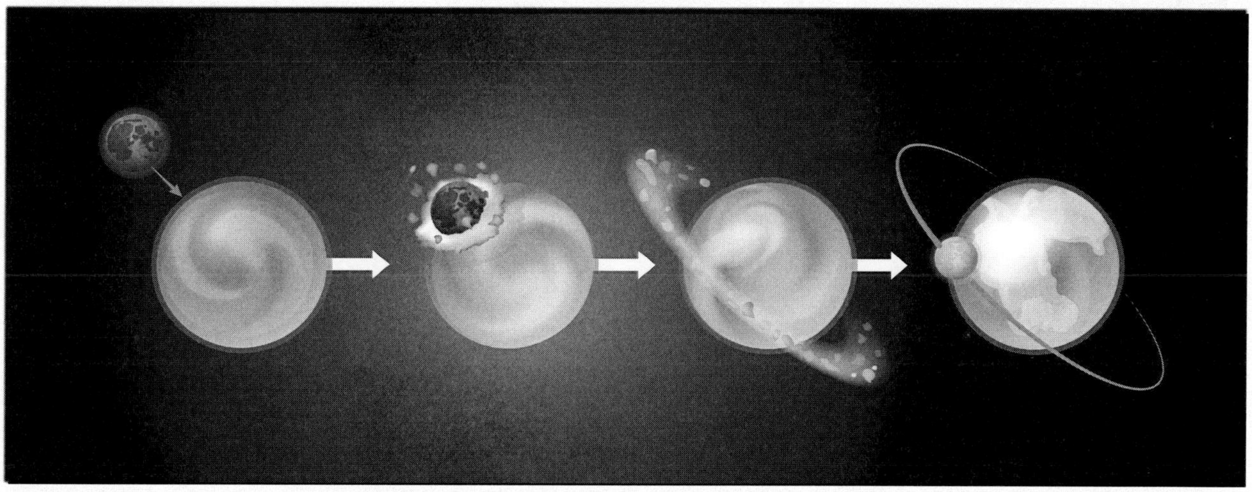

Überreste von Theia sollen sich im Inneren der Erde sowie des Erdmondes befinden. Unter dieser Annahme wird für möglich gehalten, dass Bestandteile von Theia im Erdmantel vorkommen (siehe auch das Kapitel „Der Aufbau des Erdinneren"). Bisher gibt es aber noch nicht genügend Beweise für die Richtigkeit dieser Annahme.

EA **Aufgabe**: *Was merkst du dir zum Thema „Erde, Theia, Mond"?*

______________________________

______________________________

______________________________

______________________________

______________________________

______________________________

______________________________

[1] *seismos* (griech.) = (Erd-) Erschütterung

# Gliederung der Geschichte der Erde (Blatt 1)

Mit der Geschichte der Erde (= Erdgeschichte) befasst sich in erster Linie die Geologie. Die Geologie ist die Wissenschaft von der Erdgeschichte[1] sowie vom Aufbau der Erde, vor allem deren Kruste.

*ge* (griech.) = Erde + *logos* (griech.) = Kunde, Lehre

Die Erdgeschichte von der Entstehung der Erde bis hin zur Gegenwart wird gegliedert in 4 fast unvorstellbar lange dauernde Hauptabschnitte. Wissenschaftler sprechen von 4 Äonen der Erdgeschichte.

*aion* (griech.) = Ewigkeit, Zeit(raum)

Als **Hadaikum** wird der erste Hauptabschnitt bezeichnet. Dieser Begriff ist abgeleitet vom Namen (Hades) des griechischen Gottes der Unterwelt. Im Hadaikum (Dauer von vor ca. **4,6** Milliarden bis 4 Milliarden Jahren) herrschten auf der Erde sozusagen höllische Bedingungen.

An das Hadaikum schloss sich als zweites Äon der Erdgeschichte das **Archaikum** an (Dauer von vor ca. **4** Milliarden bis vor **2,5** Milliarden Jahren).

*archaikos* (griech.) = alt(ertümlich)

Übrigens: Für das Hadaikum wird bisweilen auch der Ausdruck Präarchaikum benutzt, weil es zeitlich vor dem Archaikum liegt.

*prae* (lat.) = vor(her) + *archaikos* (griech.) = alt(ertümlich)

Das **Proterozoikum** folgte als nächster Hauptabschnitt der Erdgeschichte (Dauer von vor ca. **2,5** Milliarden bis vor **540** Millionen Jahren). Dieser Hauptabschnitt lässt sich sehr verkürzt als „Zeitraum des frühen Lebens“ umschreiben.

*proteros* (griech.) = früh, vorherig + **zoon** (griech.) = Lebewesen

Den jüngsten Hauptabschnitt der Erdgeschichte bildet das **Phanerozoikum**. Es lässt sich kurzum als „Zeitraum des sichtbaren Lebens von Lebewesen“ kennzeichnen. Von vor ca. **540** Millionen Jahren bis zur Gegenwart reicht das Phanerozoikum.

*phaneros* (griech.) = sichtbar, erkennbar + *zoon* (griech.) = Lebewesen

Nur die ersten 3 dieser 4 Hauptabschnitte, das Hadaikum (= Präarchaikum), das Archaikum sowie das Proterozoikum fasst man (auch) unter der Bezeichnung **Präkambrium** zusammen.

*prae* (lat.) = vor(her) + **cambria** = lat. Wort für das Land Wales

Der Name erklärt sich so: Im Norden von Wales entdeckte ein britischer Forscher in der ersten Hälfte des 19. Jahrhunderts sehr alte Gesteinsschichten.

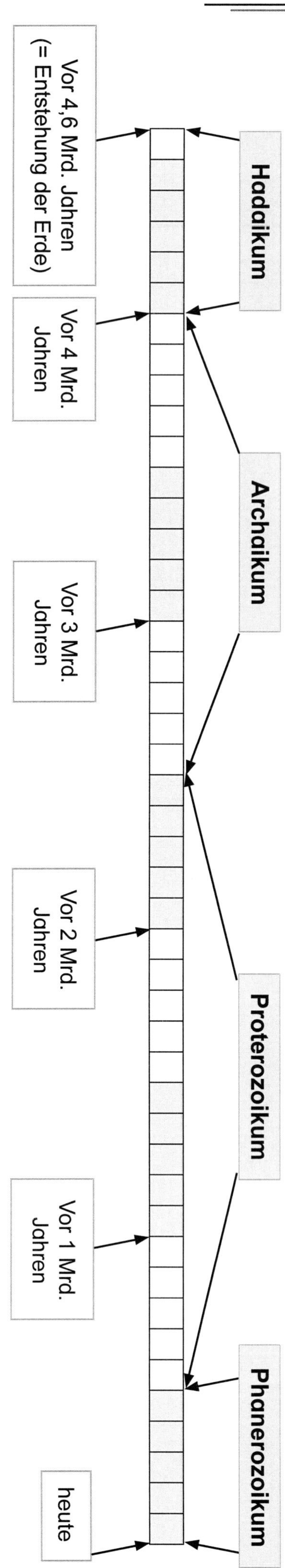


[1] Anstelle von Erdgeschichte wird auch die Bezeichnung *„historische Geologie“* gebraucht.

# Gliederung der Geschichte der Erde (Blatt 2)

EA **Aufgabe**: *Ergänze rechts die fehlenden Angaben.*

| | | *Ergänzungen* |
|---|---|---|
| **1.** | Diese Wissenschaft befasst sich insbesondere mit der Erdgeschichte: | |
| **2.** | In so viele Hauptabschnitte wird die Erdgeschichte unterteilt: | |
| **3.** | Wissenschaftler nennen die Hauptabschnitte der Erdgeschichte: | |
| **4.** | Danach ist der erste Hauptabschnitt der Erdgeschichte benannt: | |
| **5.** | Der zweite Hauptabschnitt der Erdgeschichte heißt: | |
| **6.** | So wird der dritte Hauptabschnitt der Erdgeschichte bezeichnet: | |
| **7.** | Man kann den dritten Hauptabschnitt der Erdgeschichte auch titulieren als: | |
| **8.** | Der Name des jüngsten Hauptabschnittes der Erdgeschichte lautet: | |
| **9.** | Kurz lässt sich der vierte Hauptabschnitt der Erdgeschichte auch kennzeichnen als: | |
| **10.** | Als Präkambrium werden diese 3 Hauptabschnitte der Erdgeschichte zusammengefasst: | |

Tipp: Als „Eselsbrücke" kann man sich die Namen der 4 Hauptabschnitte der Erdgeschichte (= 4 Äonen) mit dem Kurzwort HAPP*(Y)* merken:

**H** = Hadaikum
**A** = Archaikum
**P** = Proterozoikum
**P** = Phanerozoikum
( *Y* = *Yesterday* )

GESCHICHTE UNSERES PLANETEN ERDE
Eine Reise durch 4,6 Milliarden Jahre – Bestell-Nr. 13 03x
KOHL VERLAG

# Das Hadaikum

EA **Aufgabe**: **a)** *Trage jeweils vor dem Satzende die Nummer des passenden Satzanfangs ein.*

| Nr. | Satzanfänge |
|---|---|
| 1 | Sagen lässt sich, dass das Hadaikum mehr oder weniger |
| 2 | Im frühen Zustand glühte |
| 3 | Im Hadaikum kam es zu Zusammenstößen |
| 4 | Betroffen war die Erde damals |
| 5 | Im Verlauf des Hadaikums bildete sich die erste |
| 6 | Möglicherweise entstanden auf der Erde |
| 7 | Allmählich erstarrte die Erdoberfläche, eine |
| 8 | Doch die Erdkruste brach an |
| 9 | Einige Gesteine formten sich, |
| 10 | Auf der Erde fand aber noch |

| Nr. | Satzenden |
|---|---|
| | der Erde mit anderen Himmelskörpern. |
| | schon erste größere Wasserflächen (Meere). |
| | Atmosphäre der Erde – hauptsächlich bestehend aus Kohlendioxid und Wasserdampf. |
| | so manchen Stellen (immer) wieder auf. |
| | kein Leben statt. |
| | „die Hölle auf der Erde" war. |
| | die Forscher in jüngster Zeit entdeckten. |
| | sehr oft von Meteoriteneinschlägen. |
| | Erdkruste entwickelte sich. |
| | und brodelte die Erde. |

**b)** *Schreibe jetzt die 10 Sätze in der richtigen zeitlichen Reihenfolge auf.*

**Hades mit Kerberos, dem mehrköpfigen Höllenhund**

GESCHICHTE UNSERES PLANETEN ERDE
Eine Reise durch 4,6 Milliarden Jahre – Bestell-Nr. 13 031
KOHL VERLAG

# Das Archaikum

EA **Aufgabe**: *In den folgenden 10 Sätzen fehlt jeweils das Verb. Setze die passenden Verben ein. Unten findest du eine Lösungshilfe.*

1. Nach derzeitigen wissenschaftlichen Erkenntnissen ________________ Lebewesen auf der Erde erstmals im Archaikum vor.
2. Die ersten Lebewesen ________________ Einzeller gewesen sein.
3. Es ________________ sich dabei wahrscheinlich um Bakterien (= Einzeller ohne Zellkern).
4. Diese ________________ sich wohl von im Wasser befindlichen Mineralien und schieden Sauerstoff aus.
5. Die Atmosphäre der Erde ________________ (aber) erst ab allenfalls Ende des Archaikums freien Sauerstoff.
6. Jedoch ________________ im Archaikum bereits der Wasserkreislauf mit u. a. Niederschlägen, das heißt Regen.
7. Urozeane ________________ sich im zweiten großen Hauptabschnitt der Erdgeschichte.
8. Zudem ________________ auf der Erde erste größere Landflächen.
9. Aufgrund von Auffaltungen ________________ sich schon Gebirge auf der Erdoberfläche.
10. Die Urozeane und Urkontinente ________________ zum großen Teil ganz andere Umrisse als die heutigen Weltmeere sowie Erdteile.

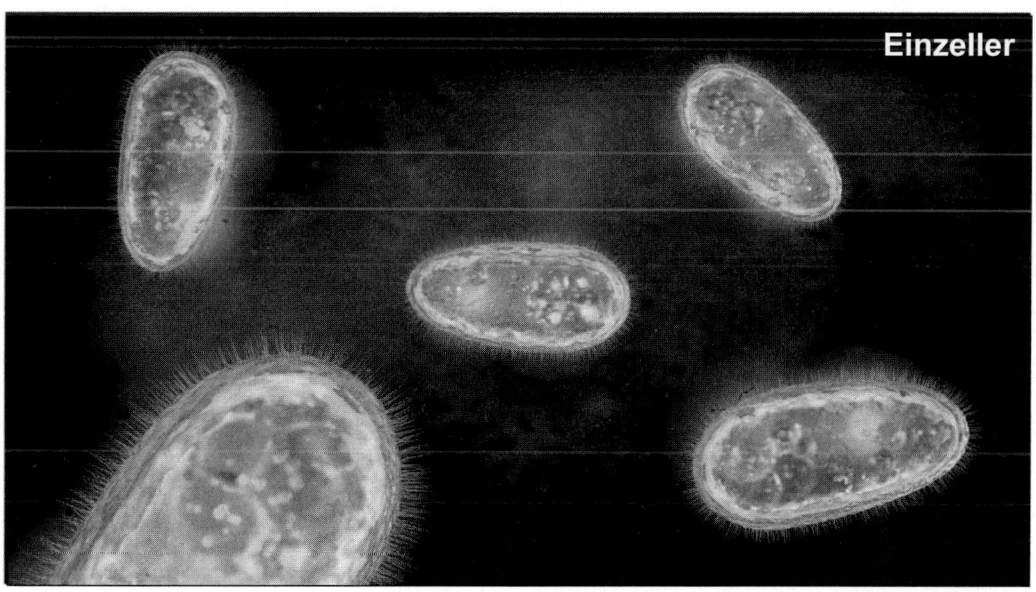


**Lösungshilfe** (in alphabetischer Reihenfolge):

besaßen – bestand – bildeten – enthielt – entstanden – erhoben – ernährten – handelte – kamen – sollen

GESCHICHTE UNSERES PLANETEN ERDE
Eine Reise durch 4,6 Milliarden Jahre – Bestell-Nr. 13 031
KOHL VERLAG

# Das Proterozoikum

Im Proterozoikum wies die Atmosphäre der Erde nunmehr auch Sauerstoff auf; dies ergaben wissenschaftliche Untersuchungen. Sauerstoff aus den Ozeanen war als Gas in die Atmosphäre gelangt. Der Anteil des Sauerstoffes in der Erdatmosphäre war aber weitaus geringer als er heute in der Luft ist. Mikroorganismen führten ihr Leben im Wasser von Ozeanen. Mit der Zeit entwickelten sich auch winzige vielzellige Lebewesen. Im späten Proterozoikum sollen bereits u. a. Vorfahren von Ringelwürmern und Schwämmen gelebt haben.

Das Klima im Proterozoikum war sehr unterschiedlich. Bekannt sind zwei lange Zeiträume der Vereisung auf der Erde. In diesem Zusammenhang sprechen Wissenschaftler von einer sogenannten „Schneeball-Erde" bezogen auf die Zeit von vor etwa 2,4 bis 2,1 Milliarden Jahren. Im Weiteren war das Proterozoikum durch starken Vulkanismus gekennzeichnet. Es gibt Hinweise darauf, dass im späteren Proterozoikum ein sehr großer Kontinent bestand, der von Geologen als der „Superkontinent **Rodinia**" bezeichnet wird. Dieser Kontinent soll jedoch später zerbrochen sein.

*rodina* (russ.) = Heimaterde

EA

**Aufgabe**: **Fragen und Antworten**

*Überlege dir 6 Fragen zum vorherigen Text und notiere sie auf diesem Blatt.*
*Überreiche danach das Blatt einem Mitschüler zur schriftlichen Beantwortung deiner Fragen.*
*Du bekommst ein Blatt von diesem oder einem anderen Mitschüler mit dessen 6 Fragen, die du schriftlich zu beantworten hast.*

Frage 1: ____________________

Frage 2: ____________________

Frage 3: ____________________

Frage 4: ____________________

Frage 5: ____________________

Frage 6: ____________________

*Die Fragen sind auf einem Extrablatt zu beantworten.*

# Das Phanerozoikum

Schon zu vorherigen Zeiten gab es Pflanzen im Wasser. Ab etwa Beginn des Phanerozoikums verbreiteten sich die Pflanzen dann auch an Land. Sie sorgten durch Photosynthese für noch mehr freien Sauerstoff auf der Erde. Später kamen Tiere auf den Landflächen hinzu, zunächst wirbellose Tiere, dann Wirbeltiere. Die Vielfalt der Lebewesen auf der Erde wuchs sehr stark. Unter anderem lebten überaus große Tiere auf der Erde (Dinosaurier …).

Etliche Arten von Lebewesen starben allerdings aufgrund von Naturkatastrophen aus, in der folgenden Zeit entwickelten sich neue Lebewesen.
Im Phanerozoikum traten im Wechsel mehrere Warmzeiten sowie Kaltzeiten (= Eiszeiten) auf. Als bisher letzter großer Superkontinent bestand **Pangäa**, so wird er von Wissenschaftlern genannt.

*pan* (griech.) = ganz, alles + *gaia* (griech.) = Erde, Festland

Doch driftete Pangäa auseinander, sodass sich kleinere Kontinente bildeten. Menschen kommen in der Erdgeschichte und damit auch im Phanerozoikum erst ganz spät vor. Erste Menschen gab es frühestens vor sehr wenigen Millionen Jahren.

EA

**Aufgabe**: *Gib den Inhalt des vorherigen Textes in Stichwörtern wieder.*

➲ ____________________

➲ ____________________

➲ ____________________

➲ ____________________

➲ ____________________

➲ ____________________

➲ ____________________

➲ ____________________

# Was gehört zu welchem Hauptabschnitt?

EA **Aufgabe**: *Ordne die folgenden 20 Anmerkungen den in der unteren Tabelle genannten 4 Hauptabschnitten (= Äonen) der Erdgeschichte richtig zu (je 5 pro Abschnitt).*

Anfänge der Bildung von Gebirgen –
Atmosphäre bestehend aus Kohlendioxid und Wasserdampf –
bereits Vorfahren von Ringelwürmern sowie Schwämmen – Dinosaurier –
Entstehung des Wasserkreislaufes – erste vielzellige winzige Lebewesen –
Erde glühend heiß – Beginn der Bildung der Erdkruste – erste Kontinente –
erstmals Lebewesen auf der Erde – höllenähnliche Bedingungen auf der Erde –
in der Erdatmosphäre nun auch Sauerstoff – Massensterben von Lebewesen –
noch kein Leben auf der Erde – Pflanzen an Land – „Schneeball-Erde“ –
Superkontinent Pangäa – Superkontinent Rodinia – Urozeane – Wirbeltiere auf dem Land

| Hadaikum | Archaikum | Proterozoikum | Phanerozoikum |
|---|---|---|---|
| | | | |
| | | | |
| | | | |
| | | | |
| | | | |



GESCHICHTE UNSERES PLANETEN ERDE
Eine Reise durch 4,6 Milliarden Jahre – Bestell-Nr. 13 031
KOHL VERLAG Lernen mit Erfolg

# Unterteilung des Phanerozoikums

Die 4 Hauptabschnitte (= Äonen) der Erdgeschichte werden jeweils noch differenzierter gegliedert. Wir beschränken uns im vorliegenden Band auf die Unterteilung des Phanerozoikums, also des jüngsten Hauptabschnittes der Erdgeschichte. Dieser Hauptabschnitt wird (bekanntlich) von vor ca. 540 Millionen Jahren bis hin zur Gegenwart gezählt. Das Phanerozoikum wird (zeitlich) in verschiedene Systeme (früher als Formationen bezeichnet) gegliedert. Die Systeme sind u. a. durch typische Gesteinsschichten gekennzeichnet.

EA **Aufgabe**: *Bringe die anschließend durcheinander genannten 12 Systeme in die richtige zeitliche Reihenfolge. Schreibe sie dementsprechend auf ein Extrablatt (ältestes System zuerst … jüngstes System zuletzt, jeweils Name und Zeitspanne genügt).*

| | | |
|---|---|---|
| **Devon**<br>vor ca. 419-359 Mio. Jahren;<br>benannt nach der südwest-englischen Landschaft Devonshire | **Jura**<br>vor ca. 201-145 Mio. Jahren;<br>benannt nach *jura* (keltisch) = Waldgebirge | **Kambrium**<br>vor ca. 540-485 Mio. Jahren;<br>benannt nach *Cambria* (lat.) = Wales |
| **Karbon**<br>vor ca. 359-299 Mio. Jahren;<br>benannt nach *carbo* (lat.) = Kohle | **Kreide**<br>vor ca. 145-66 Mio. Jahren;<br>benannt nach [*terra*] *creta* (lat.) = gesiebte Erde | **Neogen**<br>vor ca. 23-2,6 Mio. Jahren;<br>benannt nach *neos* (lat.) = neu, später + *gen* (griech.) = hervorbringend |
| **Ordovizium**<br>vor ca. 485-443 Mio. Jahren;<br>benannt nach dem keltischen Volksstamm der Ordovizier, die in Wales lebten | **Paläogen**<br>vor ca. 66-23 Mio. Jahren;<br>benannt nach *palaios* (griech.) = alt + *gen* (griech.) = hervorbringend | **Perm**<br>vor ca. 299-252 Mio. Jahren;<br>benannt nach der früheren russischen Verwaltungseinheit Perm (südlich des Uralgebirges) |
| **Quartär**<br>vor ca. 2,6 Mio. Jahren bis heute;<br>benannt nach *quartus* (lat.) = der vierte, gemäß einer früheren Einteilung der Erdzeitalter | **Silur**<br>vor ca. 443-419 Mio. Jahren;<br>benannt nach dem vorkeltischen Stamm der Silurer in Wales | **Trias**<br>vor ca. 252-201 Mio. Jahren;<br>benannt nach *trias* (lat.) = Dreiheit, gemeint sind die Gesteinsformationen Buntsandstein, Keuper und Muschelkalk |

Die 12 erwähnten Systeme (früher Formationen genannt) werden noch weiter in zeitliche Abschnitte (= Abteilungen …) unterteilt, so z. B. das Quartär in:

– das **Pleistozän**: von vor ca. 2,6 Mio. Jahren bis vor 12.000 Jahren;

*pleistos* (griech.) = am meisten + *kainos* (griech.) = neu

und

– das **Holozän**: von vor ca. 12.000 Jahren bis heute;

*holos* (griech.) = völlig, gänzlich + *kainos* (griech.) = neu

In der Umgangssprache wird zum Pleistozän Eiszeitalter gesagt, zum Holozän Nacheiszeit.

# Schätz mal!

EA **Aufgabe**: *Hier darfst du einfach einmal schätzen, bestimmt wirst du öfter daneben liegen. Handelt es sich jeweils um Kambrium, Ordovizium, Silur, Devon, Karbon, Perm, Trias, Jura, Kreide, Paläogen, Neogen oder Quartär?*

| | | |
|---|---|---|
| **1.** | Wann gab es auf der Erde die bisher letzte Eiszeit? | |
| **2.** | In welcher Zeit lebten Tiere nur im Wasser? | |
| **3.** | Welche Zeit gilt als „Zeitalter der Dinosaurier“? | |
| **4.** | In welchem Zeitalter lebten schon Vormenschen? | |
| **5.** | Welche Zeit wird als „(Stein-)Kohlezeitalter“ bezeichnet? | |
| **6.** | Aus welcher Zeit stammen sehr viele Ablagerungen von Kalkstein? | |
| **7.** | In welcher Zeit sollen erstmals Reptilien (= Kriechtiere) vorgekommen sein? | |
| **8.** | Welche Zeit wird auch das „Zeitalter der Fische“ genannt? | |
| **9.** | In welcher Zeit soll das Klima weltweit heiß und trocken gewesen sein? | |
| **10.** | Wann begann die Entstehung des Gebirges Himalaya? | |
| **11.** | Wann war der Beginn der kaledonischen Gebirgsbildung (u. a. in Skandinavien)? | |
| **12.** | In welcher Zeit kamen die ersten Gefäßpflanzen wie Farne vor? | |

KOHL VERLAG GESCHICHTE UNSERES PLANETEN ERDE Eine Reise durch 4,6 Milliarden Jahre – Bestell-Nr. 13 031

# Der Aufbau des Erdinneren

Die Erde ist hervorgegangen aus der Zusammenballung kleinerer und größerer Teilchen. Durch ihre Schwerkraft (= Erdanziehungskraft) zog die Erde weitere Materie an und verklumpte sie mit sich. Schwerere Bestandteile sanken in der Erde nach unten. Im Laufe der Erdgeschichte bildeten sich von der Erdoberfläche abwärts verschiedene in etwa konzentrisch verlaufende Schichten im Erdinneren, ein wenig vergleichbar mit den Schalen einer Zwiebel. Von daher wird auch des Öfteren von einem Schalenaufbau der Erde gesprochen.

Grob differenziert werden im Erdinneren die Schichten:

| Schicht | reicht von der Schicht darüber bis ... | Aggregatzustand |
|---|---|---|
| **kontinentale Erdkruste** | bis ca. 60 km Tiefe | fest |
| **ozeanische Erdkruste** | Dicke: < 15 km (unterhalb der Wasserschicht) | fest |
| **oberer Erdmantel** | bis maximal ca. 700 km Tiefe | fest bis zähflüssig |
| **unterer Erdmantel** | bis maximal ca. 2900 km Tiefe | sehr zähflüssig bis fest |
| **äußerer Erdkern** | bis maximal ca. 5100 km Tiefe | flüssig oder zähflüssig |
| **innerer Erdkern** | bis ca. 6370 km Tiefe (= Erdmittelpunkt) | fest (wahrscheinlich aus Nickel und Eisen bestehend) |

Im inneren Erdkern wird die Entstehung der magnetischen Anziehungskraft der Erde angenommen.

Die verschiedenen Erdschichten sind durch wissenschaftliche Schallmessungen nachgewiesen. Von der Erdkruste bis hin zum Erdkern nimmt die Wärme/Hitze immer weiter zu, ebenfalls der Druck von oben.

EA **Aufgabe**: *Erstelle eine Skizze zum kreisförmigen Aufbau der Schichten im Erdinneren.*

KOHL VERLAG
GESCHICHTE UNSERES PLANETEN ERDE
Eine Reise durch 4,6 Milliarden Jahre – Bestell-Nr. 13 031

# Die Plattentektonik (I)

EA **Aufgabe**: **a)** *Bringe die folgenden 10 ungeordneten Sätze in eine logische Reihenfolge, sodass sich ein zusammenhängender Text ergibt. Nummeriere dazu die einzelnen Sätze dementsprechend mit den Zahlen von 1-10.*

| | |
|---|---|
| | Die Asthenosphäre liegt unterhalb der Lithosphäre im oberen Erdmantel. |
| | Der Begriff Plattentektonik setzt sich aus 2 Wörtern zusammen: |
| | Über die gesamte Erdoberfläche erstrecken sich die Erdplatten. |
| | Die natürliche Entwicklung (auf) der Erde wird u. a. mit Hilfe der sogenannten Plattentektonik erklärt. |
| | Nicht schnell, vielmehr sehr langsam bewegen sich die Erdplatten (nur wenige cm im Jahr) ... |
| | Ab den sechziger Jahren des 20. Jahrhunderts setzte sich in der Wissenschaft die (ursprüngliche) Theorie der Plattentektonik durch. |
| | Gemäß der Plattentektonik verschieben sich die Erdplatten der festen **Lithosphäre** (= Erdkruste und äußerster Teil des oberen Erdmantels).<br>*lithos* (griech.) = Stein + *sphaira* (griech.) = Kugel |
| | Mit Platten sind Erdplatten gemeint, das Fremdwort **Tektonik** bezieht sich auf den Bau und die Bewegungen der Erdkruste.<br>*techtonika* (griech.) = die Baukunst betreffend |
| | Heutzutage wird die Plattentektonik allgemein anerkannt. |
| | Dieses Verschieben wird bewirkt durch zähplastisches Gesteinsfließen in der **Asthenosphäre**, hervorgerufen durch Strömungen darunter.<br>*asthenes* (griech.) = kraftlos, schwach + *sphaira* (griech.) = Kugel |

**b)** *Schreibe nun die 10 Sätze in der richtigen Reihenfolge vollständig auf ein Extrablatt.*

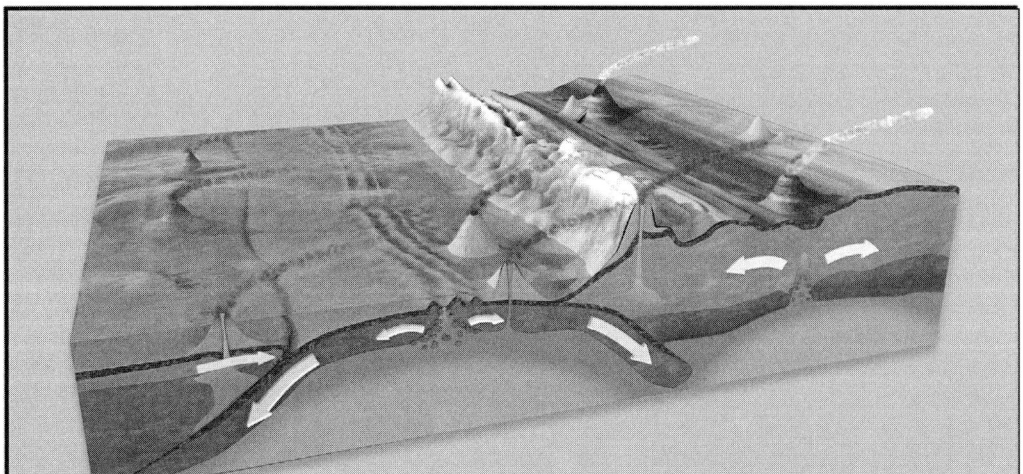

**Verschiedene tektonische Effekte**

GESCHICHTE UNSERES PLANETEN ERDE
Eine Reise durch 4,6 Milliarden Jahre – Bestell-Nr. 13 031
KOHL VERLAG

# Die Plattentektonik (II)

EA **Aufgabe**: **a)** *Schau dir unten die Karte genau an. Sind folgende Aussagen richtig oder falsch? Kreuze entsprechend an.*

| | | Richtig | Falsch |
|---|---|---|---|
| **1.** | Auf der Erdoberfläche bestehen mehr Landflächen als Wasserflächen. | | |
| **2.** | Unterschieden werden mehr als 10 große Erdplatten. | | |
| **3.** | Es gibt auch kleinere Erdplatten. | | |
| **4.** | Durch Island verläuft eine Grenze zwischen 2 Erdplatten. | | |
| **5.** | Indien und China liegen auf derselben Erdplatte. | | |
| **6.** | Manche benachbarte Erdplatten stoßen gegeneinander. | | |
| **7.** | Andere benachbarte Erdplatten entfernen sich voneinander. | | |
| **8.** | Die Südamerikanische Erdplatte und die Afrikanische Erdplatte kommen immer näher zusammen. | | |
| **9.** | An Grenzen von Erdplatten kommen oftmals (aktive) Vulkane vor. | | |
| **10.** | Die Grenzen zwischen den Erdplatten verlaufen meistens innerhalb der Kontinente. | | |

**b)** *Verbessere schriftlich die falschen Aussagen. Schreibe auf ein Extrablatt.*

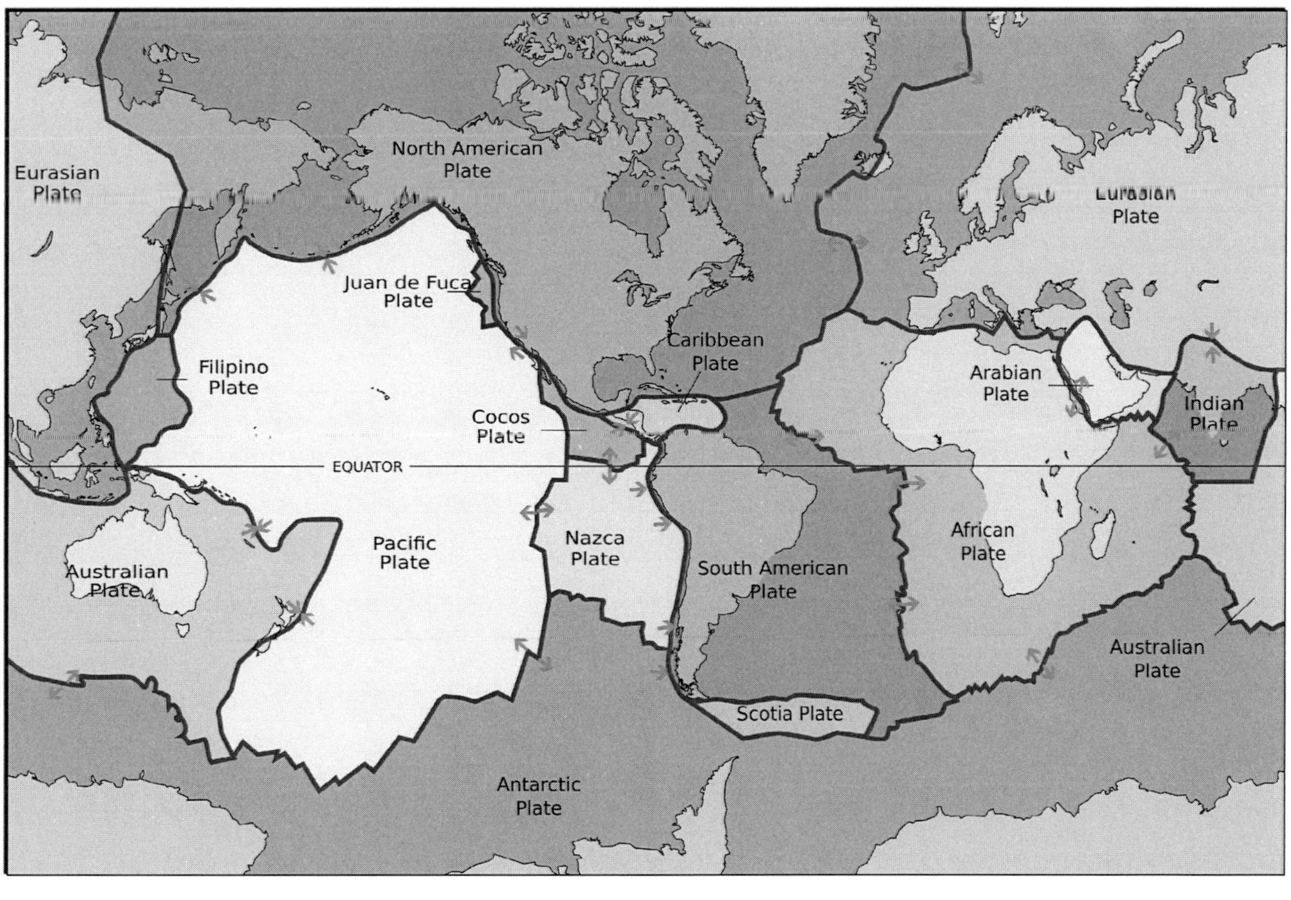




GESCHICHTE UNSERES PLANETEN ERDE – Eine Reise durch 4,6 Milliarden Jahre – Bestell-Nr 13 031

# Vom Superkontinent Pangäa zu den heutigen Kontinenten

Vor etwa 250 Millionen Jahren existierte auf der Erde der enorm große Kontinent **Pangäa**. Dieser Superkontinent war umgeben von einem riesengroßen Ozean. Pangäa erhielt seinen Namen im Nachhinein vom deutschen Geophysiker A. Wegener (1880-1930).

*pan* (griech.) = ganz, alles + *gaia* (griech.) = Erde, Landmasse

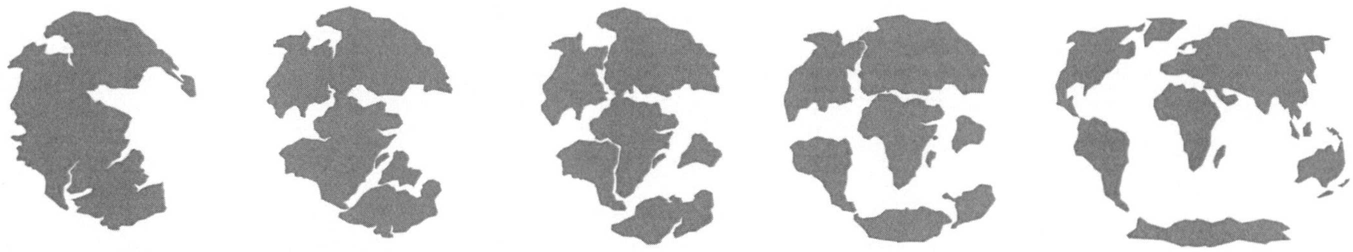

| vor ca. 250 Mio. J. | vor ca. 200 Mio. J. | vor ca. 100 Mio. J. | vor ca. 50 Mio. J. | heute |
|---|---|---|---|---|

Doch Pangäa zerbrach im Zeitraum von vor ca. 200-175 Millionen Jahren in die beiden Kontinente **Laurasia** sowie **Gondwana**(land). Laurasia lag im Norden und umfasste die alten Festlandsmassen vom heutigen Nordamerika, Mittelamerika, Europa und Asien. Die Bezeichnung Laurasia (= Laurasien) setzt sich zusammen aus Laurentia (= St. Lorenz-Strom) und Eurasia (= Eurasien). Gondwana erstreckte sich im Süden. Zum Kontinent Gondwana gehörten alte Festlandsmassen vom heutigen Südamerika, Afrika, Vorderindien, Australien sowie Antarktika.

Gondwana = ein zentral gelegenes Gebiet in Indien, benannt nach einem Volk

Aber auch die beiden Kontinente Laurasia und Gondwana(land) zerfielen im Zeitraum von vor etwa 50-40 Millionen Jahren. Daraus gingen im weiteren Verlauf der Erdgeschichte – erneut durch plattentektonische Verschiebungen – die gegenwärtigen Kontinente Amerika, Europa, Asien, Afrika, Australien und Ozeanien sowie Antarktika hervor.

EA **Aufgabe**: *Formuliere schriftlich eigene Sätze: Was weißt du nun über …?*

**a)** Pangäa:

______________________________

______________________________

______________________________

**b)** Laurasia:

______________________________

______________________________

______________________________

**c)** Gondwana(land):

______________________________

______________________________

**d)** die heutigen Kontinente:

______________________________

______________________________

# Vulkanismus, Erdbeben, Seebeben

Durch plattentektonische Vorgänge (siehe Kapitel Plattentektonik) lassen sich Vulkanismus und auch die allermeisten Erdbeben sowie Seebeben erklären.

- Mit **Vulkanismus** ist gemeint, dass feste, flüssige und/oder gasförmige Stoffe aus dem Erdinneren aufsteigen und an der Erdoberfläche austreten. Das Wort Vulkanismus hat seinen Ursprung im Namen des römischen Feuergottes Vulcanus.
- Unter **Erdbeben** versteht man (stoßartig) auftretende Erschütterungen (in) der Erdkruste, oftmals ebenfalls zurückzuführen auf plattentektonische Bewegungen.
- Liegt der Ursprung des Erdbebens unter dem Meer, wird von **Seebeben** oder untermeerischen Erdbeben gesprochen.

Erdbeben sowie Seebeben entstehen oft dort, wo es Vulkane gibt und die Grenzen von Erdplatten verlaufen. Des Öfteren gehen Erdbeben bzw. Seebeben Vulkanausbrüchen voraus, kündigen diese sozusagen an.

Im Laufe ihres Bestehens war die Erde häufig von Vulkanausbrüchen, Erdbeben und Seebeben betroffen. Nach dem Abkühlen und Erstarren der Erdkruste gab es wiederholt Zeiträume mit starkem Vulkanismus. Es kam u. a. zu sogenannten Plumes.

*plume* (engl.) = Rauchfahne

Als Plumes werden aufsteigende Magmaströme aus dem tieferen Erdmantel bezeichnet, die sich in engen Säulen zur Erdoberfläche bewegen.

Magma = gashaltige Gesteinsschmelze; *magma* (griech.) = geknetete Masse

Vor ca. 120 Millionen Jahren bestand im westlichen Teil des Pazifischen Ozeans ein Superplume. Dabei strömten gewaltige Massen von zähflüssigem Gestein nach oben und verbreiteten sich auf dem Meeresboden. Zahlreiche Naturkatastrophen ergaben sich in der Vergangenheit durch Vulkanausbrüche und Erdbeben bzw. Seebeben. Vulkanausbrüche wirkten sich u. a. auf klimatische Veränderungen aus …

**Geldingadalir, Vulkanausbruch 11.05.21, Island**

EA

**Aufgabe**: *Erkläre:*

**a)** Was ist Vulkanismus?

______________________________

______________________________

**b)** Was sind Erdbeben?

______________________________

**c)** Was sind Seebeben?

______________________________

**d)** Was sind Plumes?

______________________________

______________________________

**e)** Was ist Magma?

______________________________

GESCHICHTE UNSERES PLANETEN ERDE
Eine Reise durch 4,6 Milliarden Jahre – Bestell-Nr. 13 031
KOHL VERLAG

# Gesteine (I)

Auch Gesteine tragen dazu bei, Einblicke in die Erdgeschichte zu gewinnen. Unter Gesteinen versteht man mehr oder weniger feste Bestandteile der Erdkruste, die Mineralien (z. B. Quarz, Feldspat, Glimmer …) enthalten. Zu den Gesteinen zählen die Massen der verbundenen, aber ebenfalls die einzelnen losen Steine. Das Gegenteil von harten Gesteinen sind weiche Gesteine.

– Harte Gesteine sind z. B. Granit, Gneis, Basalt …
– Zu den weichen Gesteinen gehören u. a. Kalkstein, Sandstein, Marmor …

Nach ihrer Entstehung werden 3 große Gruppen von Gesteinen unterschieden:

- **magmatische Gesteine** (= Erstarrungsgesteine);
  Magma = glutflüssige Gesteinsschmelze in der tieferen Erdkruste
- **Sedimentgesteine** (= Ablagerungsgesteine);
  *sedimentum* (lat.) = Bodensatz
- **metamorphe Gesteine** (= Umwandlungsgesteine);
  *meta* (griech.) = später, hinter + *morphe* (griech.) = Gestalt

– Magmatische Gesteine bildeten sich aus Magma, das erkaltete und fest wurde.
– Sedimentgesteine entstanden durch Verwitterung, Wind, Wasser, Bindung …
– Metamorphe Gesteine kamen aufgrund von starkem Druck sowie hohen Temperaturen in tieferen Bereichen der Erdkruste zustande.

EA **Aufgabe**: *Versuche, dir das Wesentliche des oberen Textes einzuprägen und beantworte dann die Fragen.*

**a)** Gesteine – was sind das?

______________________________

______________________________

**b)** Um welche Art Gesteine handelt es sich bei Granit, Gneis und Basalt?

______________________________

**c)** Zu welcher Sorte von Gesteinen zählen Kalkstein, Sandstein sowie Marmor?

______________________________

**d)** In welche 3 großen Gruppen werden die Gesteine aufgrund ihrer Herkunft unterteilt?

______________________________

______________________________

______________________________

______________________________

______________________________

______________________________

______________________________

______________________________

______________________________

Gesteinsschichten auf La Palma, kanarische Insel



GESCHICHTE UNSERES PLANETEN ERDE
Eine Reise durch 4,6 Milliarden Jahre – Bestell-Nr. 13 031
KOHL VERLAG

# Gesteine (II)

Die Bildung von Gesteinen war und ist ein langwieriger Prozess. Gesteine bestehen gewöhnlich sehr lange, werden also alt. Sie existieren jedoch nicht ewig, auch können sie sich verändern, umwandeln. Durch Bewegungen im Erdmantel und in der Erde befinden sich Gesteine im sogenannten Gesteinskreislauf. In Kanada entdeckten Geologen das bisher älteste gefundene Gestein. Es soll über 4,2 Milliarden Jahre alt sein.

Von den 3 großen Gruppen (= Klassen) der Gesteine kommen in der Erdkruste magmatische Gesteine am meisten vor. Auf der Erdoberfläche treten Sedimentgesteine (= Ablagerungsgesteine) am häufigsten auf.

Basaltsäulen, aus abkühlender Lava entstanden

Sedimentgesteine existieren des Öfteren übereinander als Schichten. Von daher wird bei Sedimentgesteinen auch von Schichtgesteinen gesprochen. Die jeweils oberhalb liegende Gesteinsschicht ist normalerweise jünger als die darunter liegende Gesteinsschicht. Es sei denn: Die ursprünglich darunter liegenden Gesteinsschichten sind durch erdinnere Kräfte nach oben gedrückt worden. Ältere Schichten können dann (nahezu) senkrecht neben jüngeren liegen oder sogar oberhalb der ursprünglich später abgelagerten jüngeren Schicht liegen. So können Forscher – was das Alter von Sedimentgesteinen angeht – in die Irre geführt werden.

Beispiele für Sedimentgesteine (= Ablagerungsgesteine, Schichtgesteine) sind Sandsteine, Kalksteine, Kohle (Braunkohle, Steinkohle) … Verglichen mit magmatischen und metamorphen Gesteinen sind Sedimentgesteine (weitaus) weicher und poröser (= durchlässiger, löchriger).

Als Tafeln bezeichnet man präkambrische Festlandskerne, die von Ablagerungen (= Sedimenten) bedeckt sind. Präkambrische Festlandskerne, die nicht von Sedimenten bedeckt sind, werden Schilde genannt.

EA **Aufgabe**: *Notiere 9 Dinge, die du über Gesteine sagen kannst.*

GESCHICHTE UNSERES PLANETEN ERDE
Eine Reise durch 4,6 Milliarden Jahre – Bestell-Nr. 13 031
KOHL VERLAG

# Einige Gesteine (Blatt 1)

EA **Aufgabe**: *Ordne die Namen dieser 10 Gesteine den Abbildungen unten und auf Blatt 2 richtig zu.*

| | |
|---|---|
| **Basalt** | magmatisches Gestein; schwarz; sehr fest, einheitliche Grundmasse |
| **Brekzie** | Sedimentgestein; bestehend aus miteinaverkitteten eckigen Bruchstücken unterschiedlicher Gesteine<br>*brecchia* (ital.) = Trümmer |
| **Feuerstein (= Flint)** | Sedimentgestein; hart, zersplittert zu scharfkantigen Stücken; früher benutzt u. a., um Feuer zu machen |
| **Gneis** | metamorphes Gestein; grobkörnig; helle und dunkle Streifen |
| **Granit** | magmatisches Gestein; kompakt; sehr hart<br>*granum* (lat.) = Korn |
| **Kalkstein** | Sedimentgestein; (sehr) locker, porös bis fest; meistens hell |
| **Konglomerat** | Sedimentgestein; setzt sich zusammen aus miteinander verkitteten runden Geröllen<br>*conglomerare* (lat.) = zusammenrollen |
| **Marmor** | metamorphes Gestein; (fein)körnig; kristallin; kommt in verschiedenen Farben vor |
| **Sandstein** | Sedimentgestein; geschichtet; körnig (Sandkörner) |
| **Steinkohle** | Sedimentgestein; pechschwarz; relativ fest; bricht würfelig, gut brennbar |

1.

2.

3.

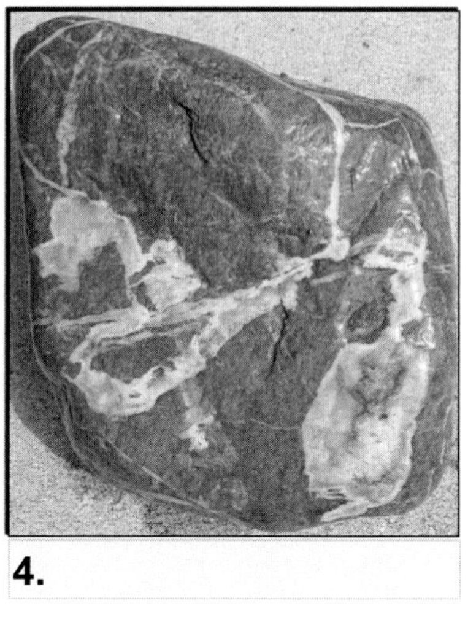
4.



GESCHICHTE UNSERES PLANETEN ERDE
Eine Reise durch 4,6 Milliarden Jahre – Bestell-Nr. 13 031
KOHL VERLAG

# Einige Gesteine (Blatt 2)

5.

6.

7.

8.

9.

10.

GESCHICHTE UNSERES PLANETEN ERDE
Eine Reise durch 4,6 Milliarden Jahre – Bestell-Nr. 13 031

# Ein Findling am Hamburger Elbstrand

**Aufgabe**: *Informiere dich (z. B. im Internet) und beantworte:*

**a)** *Ein Findling – was ist das?*

______________________________________________

______________________________________________

**b)** *Wodurch gelangte der Findling an den Hamburger Elbstrand?*

______________________________________________

______________________________________________

**c)** *Von woher stammt der Findling wahrscheinlich?*

______________________________________________

______________________________________________

**d)** *Denke dir einen anderen, möglichst originellen Namen für den Findling aus.*

______________________________________________

**Der Findling „Alter Schwede" wiegt ca. 217 t. Er wurde 1999 an der Elbe in Hamburg (Stadtteil Övelgönne) bei Vertiefungsarbeiten gefunden.**

GESCHICHTE UNSERES PLANETEN ERDE
Eine Reise durch 4,6 Milliarden Jahre – Bestell-Nr. 13 031
KOHL VERLAG

# Test 1 (Blatt 1)

**1.** *Notiere 3 Angaben über die Entstehung unseres Sonnensystems.*

**2.** *Nenne die 4 Hauptabschnitte der Erdgeschichte.*

**3.** *Welche 3 Hauptabschnitte werden wozu zusammengefasst?*

**4.** *Der Zeitabschnitt (= System) „Jura“ gilt allgemein als das „Zeitalter der Dinosaurier“, weil damals die meisten Dinosaurier lebten. Du kennst sicher das Logo des Films „Jurassic Park“. Dinosaurier der Art „Tyrannosaurus Rex“ sollen im Zeitraum von vor 68-66 Mio. Jahren gelebt haben. Was bedeutet das?*

**5.** *Sind die Erdkerne, der äußere und der innere, jeweils fest oder (zäh-)flüssig?*

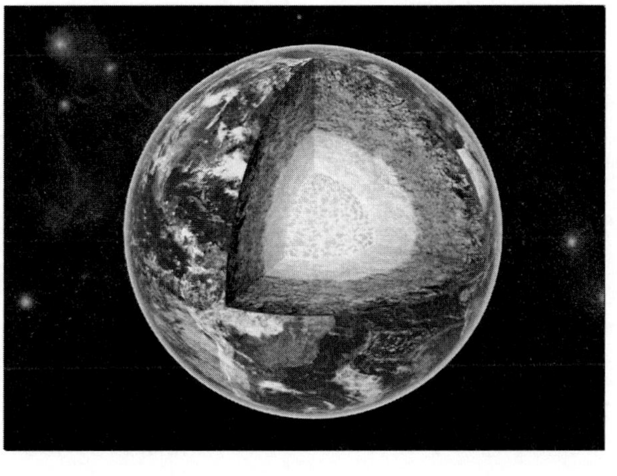





KOHL VERLAG

**6.** *In welche beiden Kontinente zerbrach der Superkontinent Pangäa vor ca. 200-175 Millionen Jahren?*

**7.** *Was kannst du über die Entstehung von Sedimentgestein sagen?*

**8.** *Welche der 3 großen Gruppen von Gesteinen kommt in der Erdkruste am häufigsten vor?*

**9.** *Was haben die Gesteine Brekzie und Konglomerat gemeinsam?*

**10.** *Welche Auswirkung hat, dass durch Island eine Grenze zwischen 2 tektonischen Erdplatten verläuft?*

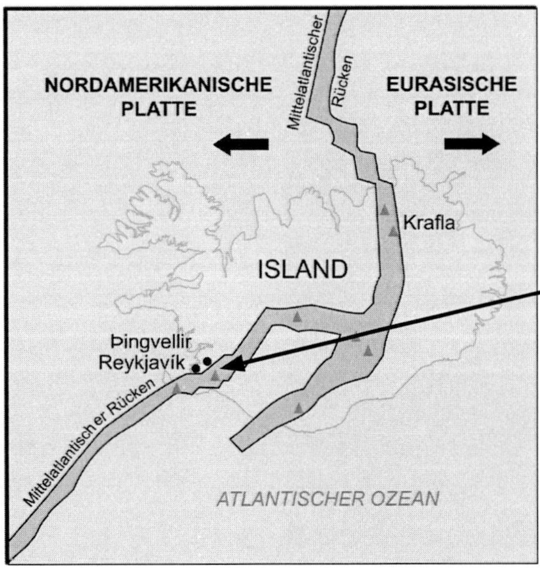

**Thingvellir National Park, Island, am Mittelatlantischen Rücken**



GESCHICHTE UNSERES PLANETEN ERDE
Eine Reise durch 4,6 Milliarden Jahre – Bestell-Nr. 13 031
KOHL VERLAG

# Gestaltung der Erdoberfläche

Mit der Zeit entstanden auf der Erdoberfläche erhebliche, ja gewaltige Höhenunterschiede. Oberflächenformen wie Hochgebirge, Hochebenen, Mittelgebirge, Tiefland … bildeten sich. Endogene Kräfte sowie exogene Kräfte schufen diverse Oberflächenformen.

*endon* (griech.) = drinnen, innerhalb;
*exo* (griech.) = draußen, außerhalb + *gennan* (griech.) = erzeugen

- Wesentlich wirkende **endogene** Kräfte waren und sind Plattentektonik, Vulkanismus, Erdbeben und Seebeben.
- Als **exogene** Kräfte waren und sind an der Oberflächengestaltung Sonne, Wind, Wasser, Eis … beteiligt.

Endogene und exogene Kräfte sorgten für die Höhenunterschiede an der Erdoberfläche.
– Als endogene Kräfte prägten Hebungen, Senkungen, Brüche, Faltungen, Überlagerungen, Schrägstellungen von Gesteinsschichten … so manche Landschaftsformen.
– Durch exogene Kräfte wurden die Höhenunterschiede oftmals verringert. An einigen Stellen wurde die Erdoberfläche durch Einschläge von anderen Himmelskörpern (Asteroiden, Kometen, Meteoriten …) mitgestaltet.

EA **Aufgabe**: *Ordne die folgenden 10 Bezeichnungen den anschließenden Skizzen richtig zu:*

**Faltung – Grabenbruch – Horst – Mulde – Pultscholle – Sattel – Schrägstellung – Überschiebung – ungestörte Überlagerung – Verbiegung**

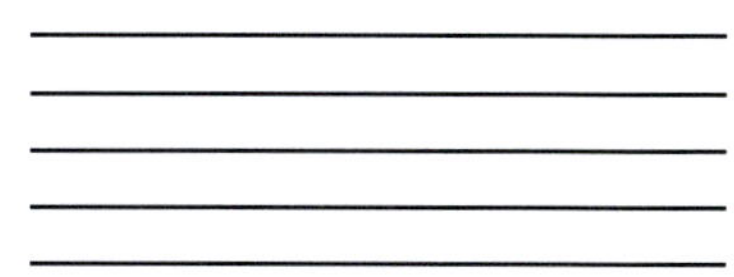

1.

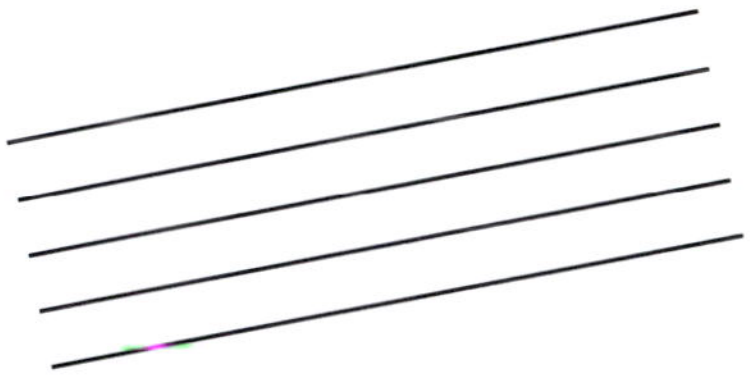

2.

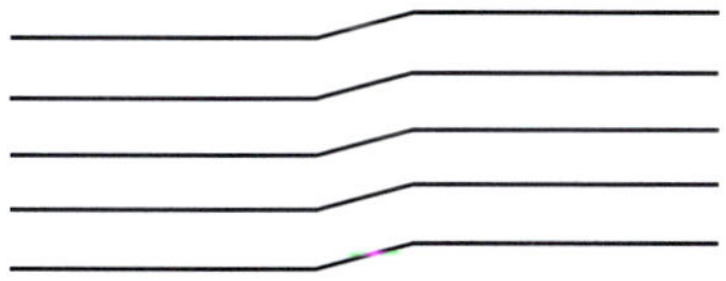

3.

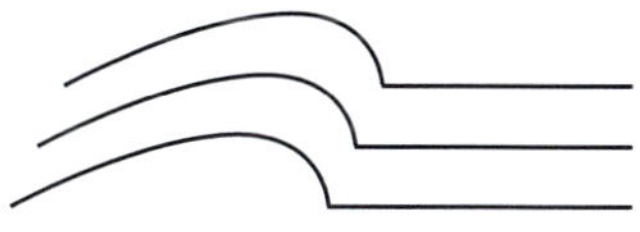

4.

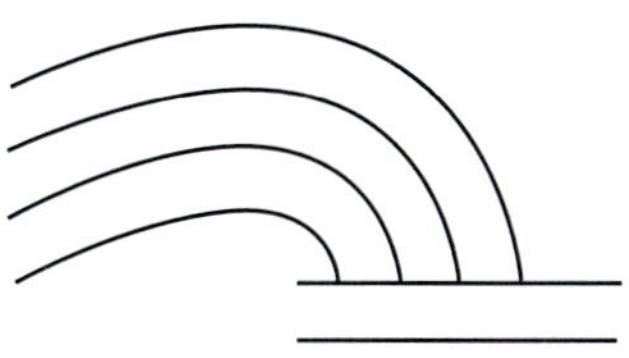

5.

6.

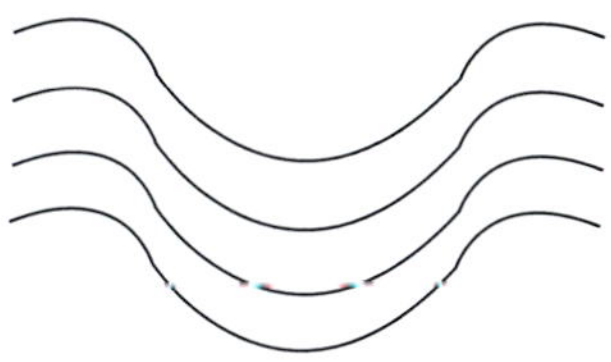

7.

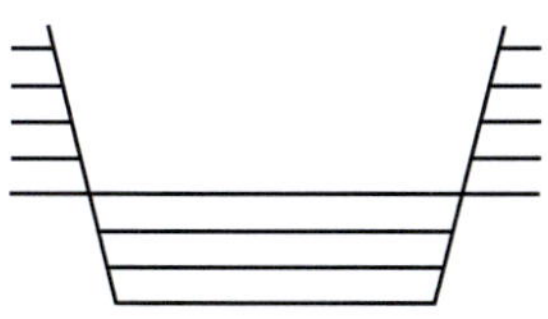

8.

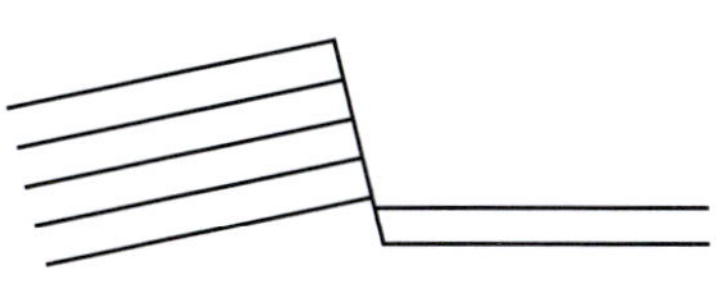

9.

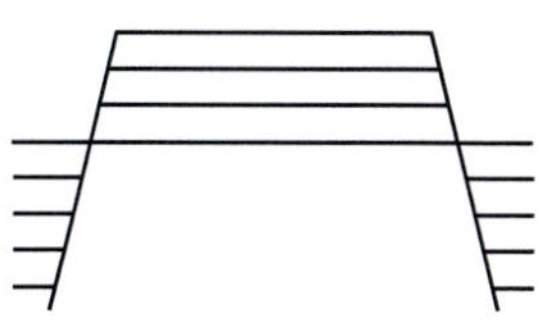

10.

GESCHICHTE UNSERES PLANETEN ERDE
Eine Reise durch 4,6 Milliarden Jahre – Bestell-Nr. 13 031
KOHL VERLAG

# Grand Canyon

Der Grand Canyon ist ein beeindruckendes Tal (= Schlucht) – gelegen im Norden des US-amerikanischen Bundesstaates Arizona.

> *grand* (engl.) = groß(artig);
> *canyon* (engl.) = ein tief eingeschnittenes Tal, gegraben von einem Fluss

Der über 2300 km lange Fluss Colorado schuf auf einer Länge von fast 450 km ein Tal mit einer Breite von bis beinahe 30 km sowie einer Tiefe von bis zu 1800 m. Die Erosionskraft des Colorados bewirkte im Zeitraum von mehreren Millionen Jahren, dass eine derart große Schlucht heutzutage besteht.

> *erosio* (lat.) = Zernagung, Durchfressung

Links und rechts der Schlucht, durch die der Colorado fließt, sind diverse mehr oder weniger waagerecht aufeinander liegende Gesteinsschichten zu sehen, die aus verschiedenen geologischen Zeitabschnitten stammen. Man kann den Grand Canyon als ein riesengroßes natürliches „Freilichtmuseum der Erdgeschichte" bezeichnen.
Fast 40 verschiedene Gesteinsschichten kommen im Grand Canyon vor. Die Wände der Schlucht weisen oftmals das Profil von Treppen auf. Weichere Gesteinsschichten werden durch Erosion und Verwitterung schneller angegriffen und kleiner als härtere Gesteinsschichten. Die ältesten Gesteinsformationen im Grand Canyon sind – wie Forscher ermittelten – 1,8 bis 2 Milliarden Jahre alt, wenn nicht sogar noch älter.

EA **Aufgabe**: *Erkläre in eigenen Sätzen: Was ist das Besondere am Grand Canyon? Warum kann man den Grand Canyon als „Freilichtmuseum der Erdgeschichte" bezeichnen?*

___

___

___

___

___

___

___

KOHL VERLAG GESCHICHTE UNSERES PLANETEN ERDE Eine Reise durch 4,6 Milliarden Jahre – Bestell-Nr. 13 031

# Wasserflächen auf der Erde

Anzunehmen ist: Auf der Erde bildeten sich die ersten großen Wasserflächen, nachdem sich in der ursprünglichen Erdatmosphäre befindlicher Wasserdampf in großen Mengen verflüssigt (= kondensiert) hatte. Vermutet wird, dass dies vor ca. 4,4 Milliarden Jahren erstmals geschah. Der Anteil der Wasserflächen auf der Erdoberfläche überwog lange Zeit eindeutig. Vor etwa 2,7 Milliarden Jahren soll der Anteil der Landoberflächen an der gesamten Erdoberfläche nur bei ungefähr 3 % gelegen haben.
Gesprochen wird in der Erdgeschichte davon: Vor rund 300-150 Millionen Jahren umgab ein riesengroßer Ozean namens **Panthalassa** den Superkontinent Pangäa.

*pan* (griech.) = ganz, alles + *thalassa* (griech.) = Meer;
*gaia* (griech.) = Erde, Landmasse

Aus Bestandteilen von Panthalassa ging später der Pazifische Ozean hervor, das heute größte Weltmeer. Im Verlauf der Erdgeschichte kam es unzählige Male zu Transgressionen und Regressionen.

- Mit **Transgression** ist gemeint, dass das Meer in kontinentale Gebiete vordringt – bedingt durch Meeresspiegelanstieg oder Landsenkung.

  *transgressus* (lat.) = Übergang

- **Regression** bedeutet den Rückzug des Meeres vom bisher überschwemmten Land, möglicherweise aufgrund der Landhebung.

  *regressus* (lat.) = Rückzug

In der heutigen Zeit sind über 70 % der Erdoberfläche von Wasser bedeckt.

EA **Aufgabe**: *Ergänze rechts die fehlenden Angaben.*

| | | ***Ergänzungen:*** |
|---|---|---|
| **1.** | Daraus bildeten sich wahrscheinlich die ersten großen Wasserflächen auf der Erde: | |
| **2.** | Für das Verb verflüssigen wird auch dieses Verb gebraucht: | |
| **3.** | Die ersten großen Wasserflächen auf der Erde entstanden vermutlich vor: | |
| **4.** | Vor ca. 2,7 Milliarden Jahren betrug der Anteil der Landoberflächen an der gesamten Erdoberfläche: | |
| **5.** | Panthalassa war: | |
| **6.** | Pangäa gilt als: | |
| **7.** | Dieser Ozean entwickelte sich aus Panthalassa: | |
| **8.** | Unter einer Transgression wird verstanden: | |
| **9.** | Als Regression wird bezeichnet: | |
| **10.** | So viel Prozent der Erdoberfläche sind heutzutage von Wasser bedeckt: | |

GESCHICHTE UNSERES PLANETEN ERDE
Eine Reise durch 4,6 Milliarden Jahre – Bestell-Nr. 13 031
KOHL VERLAG

# Bodenschätze

Im Verlauf der sehr langen Erdgeschichte entstanden zahlreiche Bodenschätze. Als Bodenschätze gelten natürliche Ansammlungen von Mineralien, Gesteinen, chemischen Verbindungen … in und auf der Erde, im Meerwasser sowie Meeresuntergrund.

Bodenschätze haben für die Menschheit eine große wirtschaftliche Bedeutung, da sie genutzt werden können. Bodenschätze, die abgebaut, aber noch nicht be- oder verarbeitet worden sind, nennt man auch Rohstoffe.

Es gibt **anorganische** Bodenschätze wie Metalle (z. B. Eisen), Sedimente (z. B. Ton), Salz … In der Natur kommt Eisen in Verbindungen als Eisenerz vor. Eisenerz bildete sich größtenteils aus magmatischen Gesteinen.

Das Gegenteil von anorganischen Bodenschätzen sind **organische** Bodenschätze. Organische Bodenschätze gingen ursprünglich hervor aus Pflanzenresten und/oder Tierresten unter sehr hohem Druck. Ein Beispiel dafür ist Erdöl. Angenommen wird, dass Erdöl aus abgestorbenen winzigen Organismen entstand, die durch Sedimente überlagert wurden.

Bis sich Bodenschätze entwickelten und in sogenannten Lagerstätten sammelten, dauerte es gewöhnlich überaus lange, häufig Millionen von Jahren. Bodenschätze sind in und auf der Erde räumlich sehr ungleich verteilt …

EA

**Aufgabe**: **a)** *Das merke ich mir zum Thema Bodenschätze:*

______________________________

______________________________

______________________________

______________________________

______________________________

______________________________

______________________________

**b)** *Wie werden Bodenschätze von den Menschen genutzt?*

______________________________

______________________________

______________________________

______________________________

______________________________

______________________________

**c)** *Nenne verschiedene Beispiele für Bodenschätze.*

______________________________

______________________________

______________________________



GESCHICHTE UNSERES PLANETEN ERDE
Eine Reise durch 4,6 Milliarden Jahre – Bestell-Nr. 13 031
KOHL VERLAG Lernen mit Erfolg

# Erdböden

**Aufgabe**: *Zum Thema Erdböden folgen zunächst 10 Fragen, danach 10 stichwortartig genannte Antworten. Notiere jeweils die richtige Antwort neben der Frage.*

| | | |
|---|---|---|
| **1.** | Was wird als (ein) Erdboden bezeichnet? | |
| **2.** | Was enthalten Erdböden? | |
| **3.** | Inwiefern spielten Gesteine eine Rolle bei der Bildung von Erdböden? | |
| **4.** | Was lässt sich über die Zeitdauer der Bildung von Erdböden sagen? | |
| **5.** | Welche Böden z. B. werden gemäß ihrer Ausgangsmaterialien unterschieden? | |
| **6.** | Unter welchem Begriff fasst man nach Farben benannte Erdböden wie Schwarzerde, Braunerde, Bleicherde, Roterde … zusammen? | |
| **7.** | Wie werden die Schichten des Erdbodenprofils genannt? | |
| **8.** | Humus – was ist damit gemeint? | |
| **9.** | Welcher Bodentyp ist am fruchtbarsten? | |
| **10.** | Wieso ist die Erosion eine Gefahr für Erdböden? | |

**Die 10 Antworten** (in alphabetischer Reihenfolge):

- A-Horizont (= Oberboden), B-Horizont (= Unterboden), C-Horizont (= Ausgangsgestein)
- Bodentypen
- Die oberste Erdbodenschicht, in der Pflanzen wachsen (= A-Horizont), fruchtbarer Humus, wird auch Mutterboden genannt.
- langwierige Vorgänge, in durchschnittlich ca. 15.000 Jahren Entstehung von Erdboden mit 1 m Tiefe
- Mineralien, Pflanzenreste, Tierreste, Mikroorganismen, Wasser, Luft …
- Sandböden, Schluffböden, Tonböden, Lehmböden, Kalkböden, Moorböden …
- Schwarzerde, auch Tschernosem genannt

  *tschernosjom* (russ.) = Schwarzerde
- Sie können durch Wasser sowie Wind zerstört und abgetragen werden.
- Sie werden zersetzt insbesondere durch mechanische und chemische Verwitterung.

# Klimaveränderungen und Klimaschwankungen (I)

Unter dem Klima wird – sehr vereinfacht gesagt – nicht die augenblickliche, sondern die durchschnittliche Situation des Wetters verstanden. Das Klima wird auch definiert als der durchschnittliche Zustand der Atmosphäre. Aus der griechischen und lateinischen Sprache lässt sich der Begriff Klima herleiten:

*klima* (griech.), *clima* (lat.) = Neigung des Sonnenstandes

Bestimmt wird das Klima durch sehr komplizierte Vorgänge.

In den ca. 4,6 Milliarden Jahren ihres Bestehens fanden auf der Erde (extreme) Klimaveränderungen in der Regel in überaus langen Zeiträumen (hunderttausenden von Jahren und mehr!) statt. Viel häufiger kam es zu Klimaschwankungen. Klimaschwankungen bestanden innerhalb von wenigen Jahrzehnten bis zu einigen Jahrhunderten.

War die Erdoberfläche anfangs zu Beginn des Hadaikums noch glühend heiß, so erfolgte danach allmählich die Abkühlung des oberen Bereichs der Erde – davon gehen die Wissenschaftler aus. Vor ca. 2,3 bis 2,5 Milliarden Jahren soll es auf der Erde die erste große Eiszeit gegeben haben. Warmzeiten und Kaltzeiten (≈ Eiszeiten) wechselten sich in späterer Zeit ab. Dies ist durch den Fund entsprechender Fossilien bewiesen. Die (genauen) Ursachen der Klimaveränderungen und Klimaschwankungen sind jedoch bisher nicht genügend geklärt.

Diverse natürliche Ursachen für Klimaveränderungen und Klimaschwankungen werden in der Fachliteratur genannt, ohne dass sie ausreichend bewiesen sind:

→ nicht konstante Aktivität unserer Sonne;
→ Veränderungen der Erdumlaufbahn um die Sonne;
→ Variationen der Neigung der Erdachse;
→ unterschiedliche Rückstrahlung der auf die Erdoberfläche einfallenden Sonnenstrahlung;
→ Vulkanausbrüche auf der Erde;
→ veränderte Erdoberfläche durch z. B. Entstehung von Gebirgen;
→ Verschiebung von Erdplatten (siehe Theorie der Plattentektonik);
→ Einschläge von Asteroiden und Meteoriten auf der Erde;
→ Änderungen in der Zusammensetzung der Erdatmosphäre;
→ Verlagerungen von Meeresströmungen;
→ …

Wahrscheinlich wirkten mehrere Ursachen zusammen.

EA **Aufgabe**: *Erkläre in eigenen Sätzen:*

**a)** *Klima – was ist damit gemeint?*

______________________________________________

______________________________________________

**b)** *Wodurch unterschieden sich Klimaveränderungen und Klimaschwankungen?*

______________________________________________

______________________________________________

**c)** *Wie war das Klima auf der Erde anfangs?*

______________________________________________

______________________________________________

**d)** *Was lässt sich über die natürlichen Ursachen von Klimaveränderungen und Klimaschwankungen sagen? Schreibe auf ein Extrablatt.*

GESCHICHTE UNSERES PLANETEN ERDE
Eine Reise durch 4,6 Milliarden Jahre – Bestell-Nr. 13 031
KOHL VERLAG

# Klimaveränderungen und Klimaschwankungen (II)

**Aufgabe**: *Diesmal fehlt in den folgenden Sätzen jeweils das erste Wort. Füge passende Wörter als Satzanfänge ein. Unten ist eine Lösungshilfe.*

1. __________ gab auf der Erde mehrere nachgewiesene große Eiszeiten.

2. __________ Beginn der letzten großen Eiszeit wird auf etwa vor 115.000 Jahren datiert.

3. __________ Ende dieser Eiszeit gilt die Zeit von vor ca. 11.700 Jahren, so ist es jedenfalls zu lesen.

4. __________ Zeitraum der letzten großen Eiszeit bestanden auch vorübergehend Wärmephasen, Interglaziale genannt.

   *inter* (lat.) = (da)zwischen + *glacies* (lat.) = Eis

5. __________ von Eis sollen während der letzten großen Eiszeit über 30 % der Landoberfläche der Erde gewesen sein.

6. ____________ hatten jedoch – zeitlich insgesamt gesehen – den (weitaus) größeren Anteil an der Erdgeschichte als Kaltzeiten.

7. __________ leben heutzutage real in einer Warmzeit.

8. __________ der Erdoberfläche nehmen vielerorts die Temperaturen eindeutig zu.

9. ____________ wird weltweit vom Klimawandel.

10. __________ verantwortlich sind wesentlich die Menschen durch die Verbrennung von fossilen Brennstoffen, Abholzungen von Wäldern und vieles andere mehr.

**Lösungshilfe** (in alphabetischer Reihenfolge):
**Auf – Als – Bedeckt – Dafür – Der – Es – Gesprochen – Im – Warmzeiten – Wir**

# Fossilien

**Aufgabe**: *Verfasse mit Hilfe der anschließenden stichwortartigen Angaben einen Text in vollständigen Sätzen über Fossilien.*

→ aufgrund von Fossilien Hinweise auf die Erdgeschichte sowie die Entwicklung von Leben auf der Erde;
→ Herkunft des Fremdwortes Fossilie aus dem Lateinischen: *fossilis* (lat.) = ausgegraben
→ Fossilien = ausgegrabene ganze verstorbene Lebewesen oder Reste bzw. Abdrücke davon;
→ Lebewesen = Pflanzen, Pilze, Tiere ...
→ als Mindestalter von Fossilien gelten 10.000 Jahre;
→ Entstehung von Fossilien möglich durch Versteinerung, Erfrieren, Austrocknung oder Einschließen (siehe z. B. Bernstein);
→ Fossilien = je mehr von z. B. Ablagerungen ganz umgeben, desto besser erhalten;
→ Fossilisation = Bezeichnung für den Vorgang der Bildung von Fossilien;
→ Leitfossilien = typisch für bestimmte Erd-/Gesteinsschichten;
→ Leitfossilien = individuell zahlreich und weit verbreitet in jeweils einem geologischen Zeitalter, z. B. Ammoniten (= ausgestorbene Kopffüßer) im Jura

**Ammoniten**

GESCHICHTE UNSERES PLANETEN ERDE
Eine Reise durch 4,6 Milliarden Jahre – Bestell-Nr. 13 031
KOHL VERLAG

# Kreuzworträtsel (I)

EA **Aufgabe**: *Löse das Kreuzworträtsel. Trage dazu die 12 Begriffe, die du aus den Hinweisen erhältst, waagerecht ein. Die Buchstaben in den markierten Kästchen in der Mitte ergeben schließlich von oben nach unten das gesuchte Lösungswort. Ä=Ä, Ö=Ö*

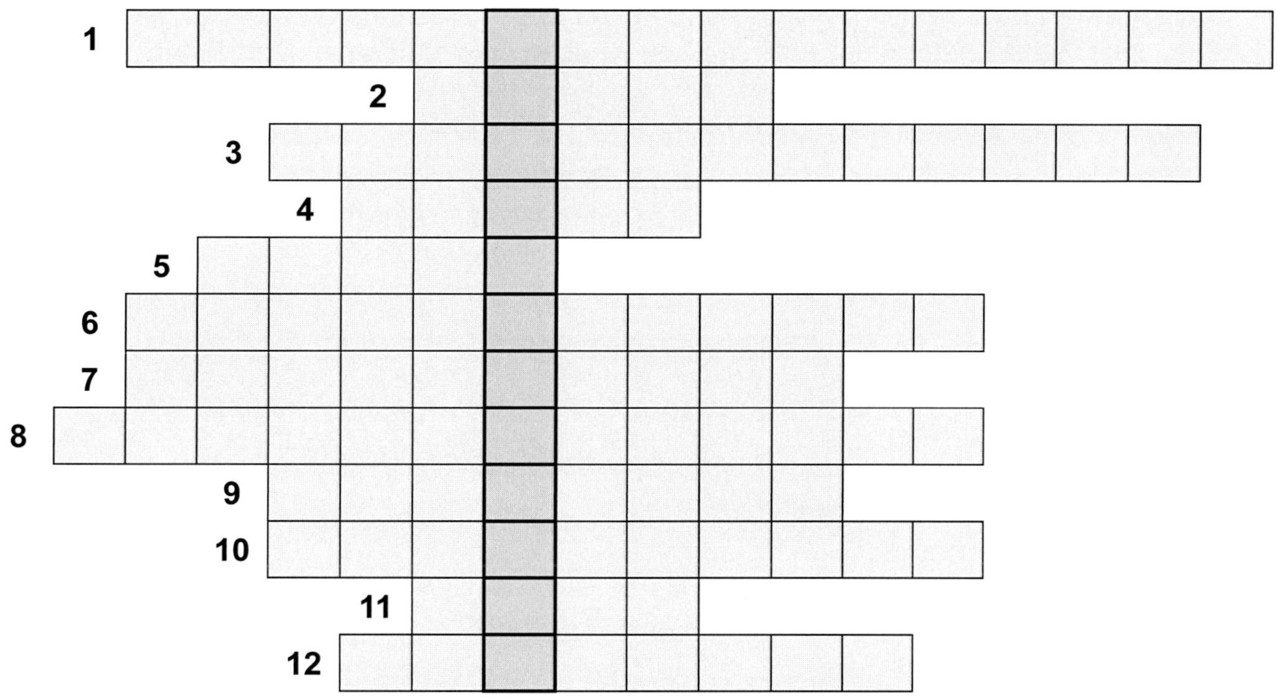


1. Mit radiometrischen Messungen führt man eine … der Erde durch.
2. Daraus entwickelte sich das Sonnensystem.
3. Vierter Hauptabschnitt der Erdgeschichte
4. Fremdwort für die 4 Hauptabschnitte der Erdgeschichte
5. Im Hadaikum gab es sozusagen die … auf Erden.
6. Die erste Atmosphäre bestand neben Wasserdampf auch daraus.
7. Das enthielt die Atmosphäre erst am Ende des Archaikums.
8. Dadurch sorgten die Pflanzen an Land für mehr freien Sauerstoff.
9. Sie kommen erst sehr spät in der Erdgeschichte vor.
10. Im Archaikum bildeten sich erste …
11. System (= Zeitabschnitt) im Phanerozoikum, benannt nach einer ehemaligen russischen Verwaltungseinheit.
12. Im Paläogen begann die Entstehung dieses Gebirges.

# Entstehung und Entwicklung des Lebens auf der Erde (I)

Angenommen wird, dass es bei der Entstehung der Erde und danach zunächst noch kein Leben auf der Erde gab. Bezogen darauf, wann und wie das Leben auf der Erde entstand, herrscht in der Wissenschaft keine Klarheit. Zwar bestehen diverse Theorien dazu, aber es mangelt an eindeutigen Beweisen.

- Vertreten wird u. a. die These, dass das Leben auf der Erde vor etwa 3,7 bis 3,5 Milliarden Jahren tief in Meeren nahe von heißen Quellen entstanden sei. Dort sollen Archaebakterien imstande gewesen sein, sich von Mineralien sowie Gasen, die aus dem Erdinneren kamen, zu ernähren.
- Auch besteht die Theorie, das Leben auf der Erde habe in flachen Wassertümpeln angefangen, wo einzellige Bakterien vorgekommen sein sollen. Des Weiteren wird vermutet, Bakterien(-sporen) könnten durch Einschläge von Asteroiden, Kometen bzw. Meteoriten auf die Erde gelangt sein …

Wie dem auch gewesen sein mag, vielfältiges Leben auf der Erde wurde erst möglich, nachdem freier Sauerstoff in die Erdatmosphäre gekommen war (ab vor ca. 2,5 Milliarden Jahren). Zur Produktion von freiem Sauerstoff sollen (wesentlich) Cyanobakterien durch Photosynthese beigetragen haben.

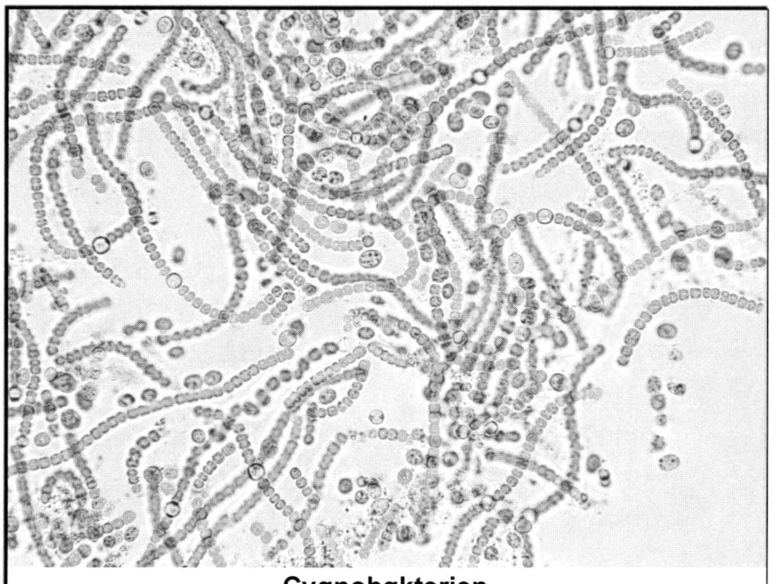

**Cyanobakterien**

In der Folgezeit kam es zu mehrzelligen Lebewesen. Ab vor etwa 600.000 Millionen Jahren begann sich auf der Erde ein reichhaltiges Pflanzen- und Tierleben zu entfalten.

EA **Aufgabe**: *Beschreibe in eigenen Sätzen, was du aus dem vorherigen Text verstanden hast.*



GESCHICHTE UNSERES PLANETEN ERDE – Bestell-Nr. 13 031
Eine Reise durch 4,6 Milliarden Jahre
KOHL VERLAG

# Entstehung und Entwicklung des Lebens auf der Erde (II)

EA **Aufgabe**: *Ergänze die in jedem Satz bei einem Wort fehlenden Buchstaben.*

1. Pflanzen und T _ _ _ e eroberten im jüngsten Hauptabschnitt der Erdgeschichte (= Phanerozoikum) das Land und besiedelten es.

2. Zunächst waren (nur) Moos- und Fa _ _ _ _ l _ _ _ _ n auf dem Land vorzufinden.

3. Sa _ _ _ _ f _ _ _ _ _ n sollen ab vor ungefähr 350 Millionen Jahren hinzugekommen sein.

4. Ab vor ca. 140 Millionen Jahren gab es auch Bl _ _ _ _ _ f _ _ _ _ _ n.

5. Die ersten Wirbeltiere auf der Erde waren F _ _ _ _ e (ab vor etwa 450 Millionen Jahren).

6. A _ _ _ i _ _ _ n (= Lurche) lebten ab vor rund 400 Millionen Jahren.

7. Aus Lurchen entwickelten sich später R _ _ _ i _ _ _ n (= Kriechtiere), wahrscheinlich vor ca. 300 Millionen Jahren.

8. Vögel und S _ _ _ e _ _ _ _e folgten im Zeitraum von vor 200-150 Millionen Jahren.

9. Im Verlauf der Erdgeschichte überlebten lediglich die Arten von Lebewesen, denen es gelang, sich an die jeweiligen natürlichen U _ _ _ _ t _ _ _ _n _ _ _ _ _n besonders anzupassen.

10. Sehr viele Arten der L _ _ _ w _ _ _ n schafften dies nicht, sie starben deshalb aus.

# Dinosaurier (Blatt 1)

Es war inmitten des Phanerozoikums, als Dinosaurier auf der Erde lebten. Dinosaurier gab es im Zeitraum von zumindest vor ca. 230 bis 66 Millionen Jahren. Die ehemalige Existenz von Dinosauriern ist durch deren zahlreiche Fossilien auf unserem Planeten belegt.

Der Name Dinosaurier wurde vom britischen Wissenschaftler Richard Owen (1804-1892) gegen Ende der 1. Hälfte des 19. Jahrhunderts geprägt. Er verknüpfte die beiden ursprünglich griechischen Wörter:

| *deinos* (griech.) = schrecklich, gewaltig + *sauros* (griech.) = Echse |
|---|

In der Zeit der Dinosaurier soll warmes Klima geherrscht haben. Unterschiedliche Arten von Dinosauriern kamen vor, sehr große, riesenhafte Dinosaurier, aber auch kleinere. Die allermeisten Dinosaurier lebten auf dem Land und ernährten sich von Pflanzen (z. B. Brontosaurier). Einige Arten der Dinosaurier waren Fleischfresser (u. a. Tyrannosaurier).

Wenige Arten der Dinosaurier führten ihr Leben im Wasser. Heutzutage gelten gewisse kleine fleischfressende Dinosaurier, die sich vermutlich bevorzugt auf Bäumen aufhielten, als Vorfahren der Vögel. Eng verwandt mit Dinosauriern waren etwa zeitgleich lebende sogenannte Flugsaurier.

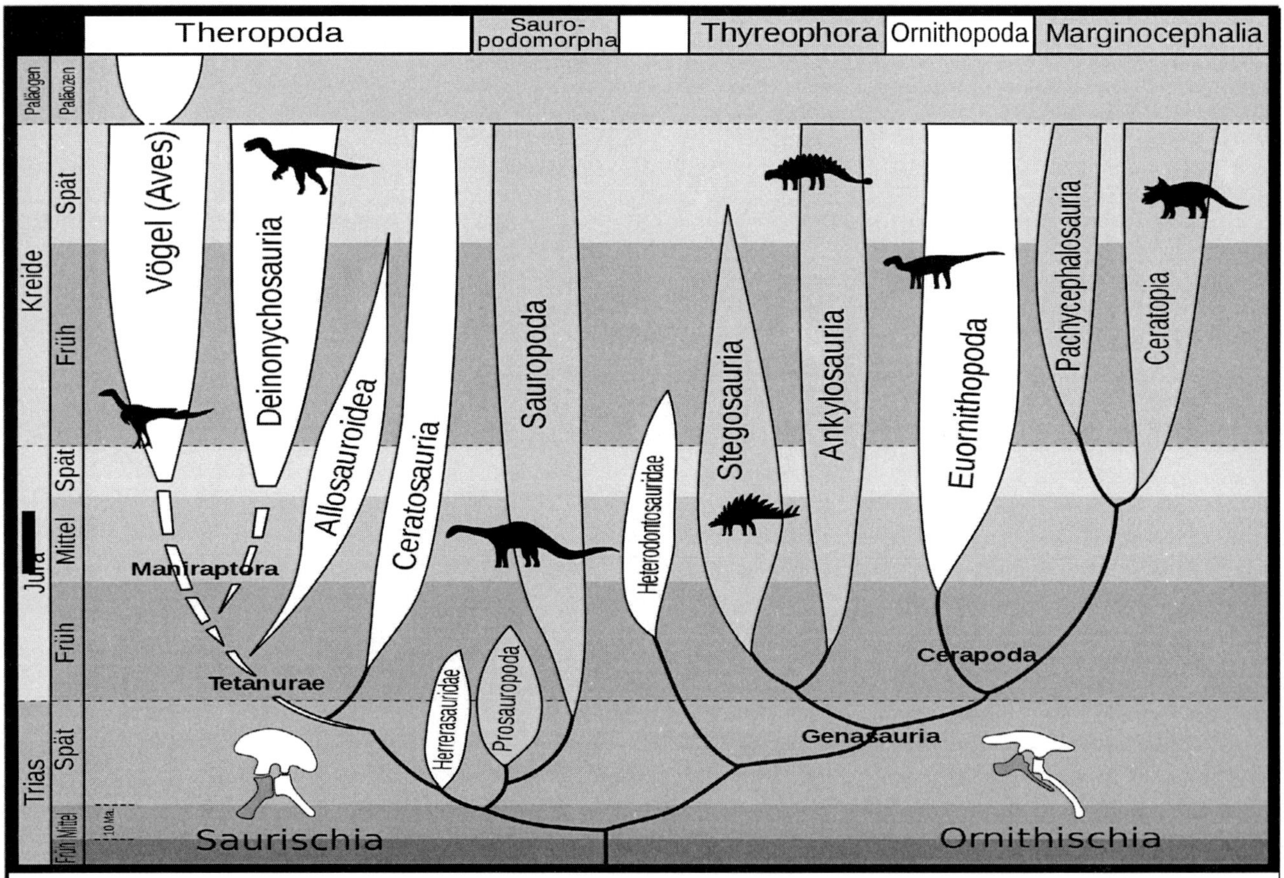


**Stammbaum der Dinosaurier**

Vor ungefähr 66 Millionen Jahren starben die Dinosaurier aus, ebenfalls viele andere Tierarten. Als Ursachen für das Massensterben von Lebewesen nehmen Wissenschaftler Einschläge von großen Asteroiden bzw. Meteoriten oder starken Vulkanismus auf der Erde an. Dadurch verschlechterten sich die Bedingungen für die Lebewesen arg. In der Wissenschaft wird die Meinung vertreten, der Einschlag eines großen Asteroiden vor der Halbinsel Yukatan (Mexiko) habe das Aussterben der Dinosaurier eingeleitet.

GESCHICHTE UNSERES PLANETEN ERDE
Eine Reise durch 4,6 Milliarden Jahre – Bestell-Nr. 13 031
KOHL VERLAG

# Dinosaurier (Blatt 2)

**Aufgabe 1**: **a)** *Sind folgende Aussagen richtig oder falsch? Kreuze entsprechend an.*

| | | Richtig | Falsch |
|---|---|---|---|
| **1.** | Dinosaurier lebten im jüngsten Hauptabschnitt der Erdgeschichte. | | |
| **2.** | Ungefähr 100 Millionen Jahre lang gab es Dinosaurier auf der Erde. | | |
| **3.** | Der britische Wissenschaftler Robert Owen prägte den Begriff Dinosaurier. | | |
| **4.** | Aus der griechischen Sprache übersetzt heißt Dinosaurier so viel wie „schreckliche Echse". | | |
| **5.** | Während der Zeit der Dinosaurier bestand warmes Klima auf der Erde. | | |
| **6.** | Die meisten Dinosaurier fraßen Fleisch. | | |
| **7.** | Nur auf dem Land kamen Dinosaurier vor. | | |
| **8.** | Kleine, fleischfressende, sich auf Bäumen aufhaltende Dinosaurier werden als Vorfahren der Vögel betrachtet. | | |
| **9.** | Vor rund 50 Millionen Jahren starben die Dinosaurier auf der Erde aus. | | |
| **10.** | Das Massensterben von Lebewesen wird begründet mit Einschlägen von großen Asteroiden bzw. Meteoriten oder starkem Vulkanismus auf der Erde. | | |

**b)** *Verbessere schriftlich die falschen Aussagen.*

**Aufgabe 2**: *Was lässt sich sonst noch über die Dinosaurier sagen? Informiere dich über sie z. B. im Internet. Notiere mindestens 5 erhaltene Informationen in eigenen Sätzen. Schreibe auf ein Extrablatt.*

GESCHICHTE UNSERES PLANETEN ERDE
Eine Reise durch 4,6 Milliarden Jahre – Bestell-Nr. 13 031
KOHL VERLAG

# Menschen

**Aufgabe**: *Ordne den folgenden 10 Satzanfängen die unten aufgeführten Satzenden richtig zu. Welches Satzende gehört zu welchem Satzanfang?*

| | | |
|---|---|---|
| **1.** | In der bisherigen Erdgeschichte kommen | |
| **2.** | Der deutsche Physiker H. Haber (1913-1990) titulierte die | |
| **3.** | Als Vormenschen gelten Hominide, (= Menschenartige), *homo* (lat.) = Mensch | |
| **4.** | Urmenschen gab es auf der Erde | |
| **5.** | Frühmenschen wie der Homo erectus *homo erectus* (lat.) = der aufgerichtete Mensch | |
| **6.** | Seit rund 300.000 Jahren waren *homo sapiens* (lat.) = der weise, kluge Mensch | |
| **7.** | Bisher wird in der Wissenschaft davon ausgegangen, | |
| **8.** | Von daher gilt der Kontinent Afrika | |
| **9.** | Von dort aus besiedelten Menschen im Laufe der Zeit andere | |
| **10.** | Menschen sind die geistig | |

**Die 10 Satzenden** (in alphabetischer Reihenfolge):

- ab vor ungefähr 2,5 Millionen Jahren.
- als „die Wiege der Menschheit“.
- am höchsten entwickelten Lebewesen.
- dass die ersten Menschen in Afrika lebten.
- die ab vor ca. 4 Millionen Jahren lebten.
- Kontinente (mit Ausnahme von Antarktika).
- lebten wahrscheinlich von etwa vor 2 Millionen Jahren an.
- Menschen der Art *Homo sapiens* auf der Erde anzutreffen.
- Menschen einst als die „Eintagsfliegen in der Erdgeschichte“.
- Menschen erst ganz spät vor.

**Lebendrekonstruktion von Lucy, weiblicher *Australopithecus afarensis*, Alter 3,2 Mio. Jahre**

# Zur Erdgeschichte Deutschlands

Überaus vielfältig, abwechslungsreich ist die Erdgeschichte Deutschlands. Die Gebiete, die heute die Landfläche der Bundesrepublik Deutschland ausmachen, erlebten im Verlauf der Erdgeschichte:

- Warmzeiten und Kaltzeiten;
- Meeresüberschwemmungen und Rückgänge des Meeres;
- Hebungen und Senkungen;
- Vulkanausbrüche und Erdbeben;
- Verschiebungen auf der Erdoberfläche;
- …

Zu lesen ist:
Vor ca. 300 Millionen Jahren befanden sich die Gebiete des heutigen Deutschlands auf dem Superkontinent Pangäa – und zwar in der Nähe des Erdäquators.

Die ältesten Gebirge in Deutschland sind Mittelgebirge wie z. B. der Harz, das Erzgebirge, der Schwarzwald … Sie gingen hervor aus sogenannten **variszischen Gebirgsfaltungen** im Karbon. Diese Mittelgebirge wurden mit der Zeit abgetragen zu Rumpfgebirgen, so manche später erneut emporgehoben. Das bisher in Deutschland entdeckte älteste Gestein (gefunden bei Hinterzarten im Schwarzwald) soll etwa 2 Milliarden Jahre alt sein.

Die Alpen kamen viel später dadurch zustande, dass sich die Afrikanische Erdplatte – bedingt durch die Plattentektonik – nach Norden bewegte und mit der Eurasischen Erdplatte zusammenstieß.

**Gefalteter Kalk am Emsbach bei Oberbrechen in Hessen**

Im Quartär wurden die Norddeutsche Tiefebene sowie das Alpenvorland wesentlich geprägt durch Eiszeiten sowie anschließend durch Abschmelzungen.

EA **Aufgabe**: *Gib den Inhalt des vorherigen Textes schriftlich zusammengefasst in Stichwörtern wieder.*

– ______________________________

– ______________________________

– ______________________________

– ______________________________

– ______________________________

– ______________________________

– ______________________________

# Großlandschaften Deutschlands

Sehr grob differenziert lässt sich die Oberfläche Deutschlands – naturräumlich betrachtet unter Berücksichtigung von erdgeschichtlichen Gegebenheiten – in 6 Großlandschaften unterteilen:

- Norddeutsches Tiefland;
- Mittelgebirgsland (= Mittelgebirgsschwelle);
- Alpenvorland;
- Alpen;
- Süd(west)deutsches Schichtstufenland;
- Oberrheinische Tiefebene

Meistens jedoch werden die Oberrheinische Tiefebene (+ Randgebirge) sowie das Süd(west)deutsche Schichtstufenland zum Mittelgebirgsland (= Mittelgebirgsschwelle) gezählt.

EA **Aufgabe**: *Nimm einen Altas zur Hilfe und informiere dich über die geographische Lage der 6 genannten Großlandschaften. Zeichne Umrisse und schreibe in die Karte, wo sich diese 6 Großlandschaften erstrecken.*

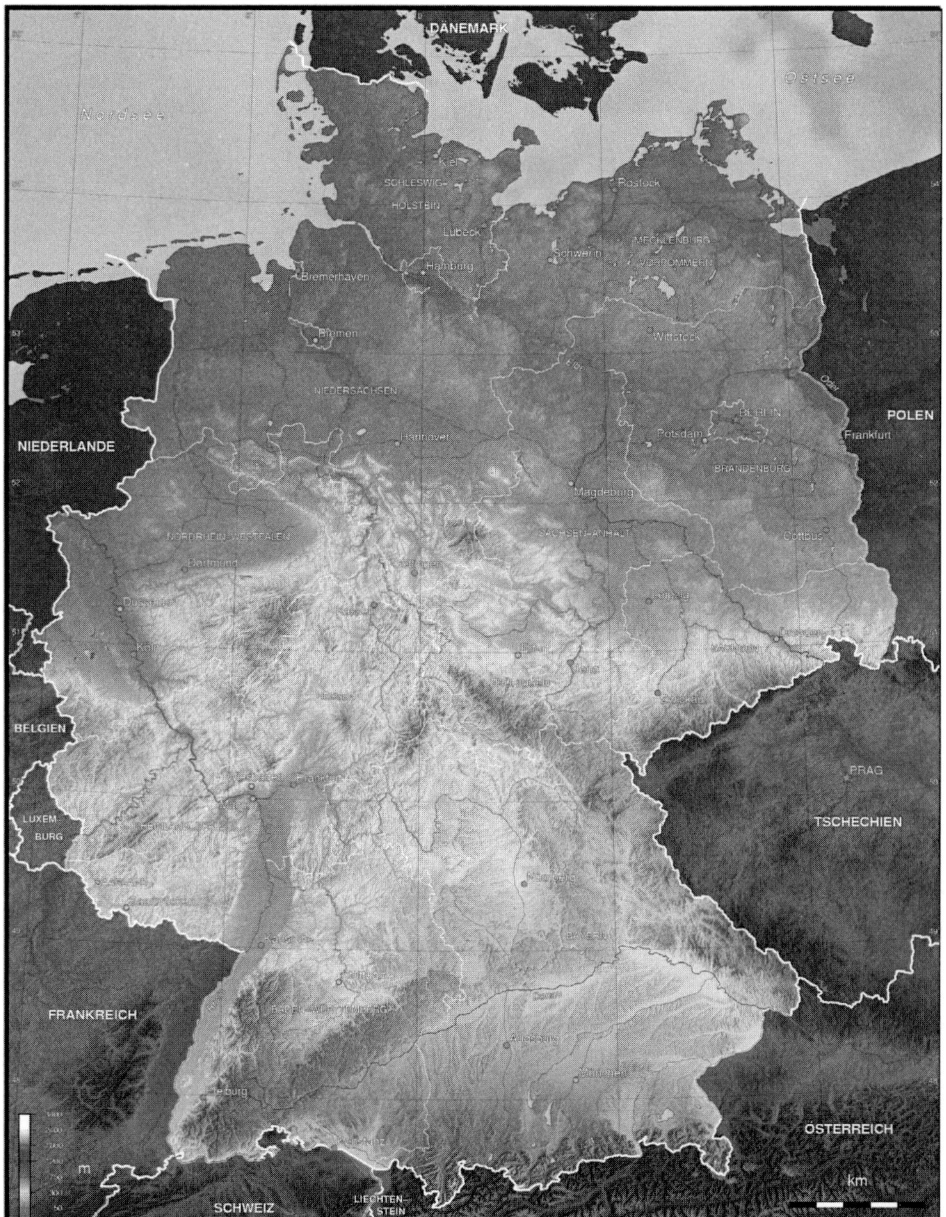




GESCHICHTE UNSERES PLANETEN ERDE
Eine Reise durch 4,6 Milliarden Jahre – Bestell-Nr. 13 031
KOHL VERLAG

# Kennzeichen der 6 Großlandschaften Deutschlands (Blatt 1)

EA **Aufgabe**:

*Ordne die anschließend stichwortartig genannten Kennzeichen den 6 Großlandschaften richtig zu. Welches Kennzeichen gilt für welche Großlandschaft? Trage die 24 Kennzeichen in der Tabelle auf Blatt 2 korrekt ein. Zu jeder Großlandschaft werden 4 Kennzeichen genannt.*

**bis mehr als 1400 m hoch**

**Baumgrenze bei ca. 1700-1900 m Höhe**

**bis über 800 m hoch**

**ca. 300-800 m hoch gelegen**

**ca. 1500 m bis über 2900 m hoch**

**entstanden durch die variszische Gebirgsbildung**

**von ca. – 3,5 m bis 200 m hoch**

**erstreckt sich bis zur Nordsee und Ostsee**

**geformt durch mehrere Eisvorstöße (Gletscher …) aus dem Norden**

**Grabenbruch**

**in der Nacheiszeit Ausbildung von verschiedenen, meistens in Ost-West-Richtung verlaufenden Urstromtälern**

**kalkhaltiges Hochgebirge**

**Land der Hügelketten und Seen**

**Oberfläche geprägt durch Eisvorstöße (Gletscher …) aus dem Süden**

**Schotterebenen und Schotterfelder südlich der Donau**

**Schrägstellung von übereinander liegenden harten und weichen Gesteinsschichten**

**treppenartiger Aufbau**

**ungefähr 200 m über dem Meeresspiegel liegen die meisten Oberflächen**

**etwa 30 km breit sowie 300 km lang**

**relativ junges Faltengebirge**

**vulkanisches Gebirge Kaiserstuhl (bis etwa 560 m hoch)**

**zahlreiche verschiedene Gebirge**

**waldreiche Gebirgslandschaften**

**Zeugenberge (= Einzelberge in der Schichtstufenlandschaft) mit oben widerstandsfähiger Gesteinsschicht**

GESCHICHTE UNSERES PLANETEN ERDE
Eine Reise durch 4,6 Milliarden Jahre – Bestell-Nr. 13 031
KOHL VERLAG

# Kennzeichen der 6 Großlandschaften Deutschlands (Blatt 2)

| Norddeutsches Tiefland | Mittelgebirgsland (= Mittelgebirgsschwelle) | Alpenvorland |
|---|---|---|
| | | |
| | | |
| | | |
| | | |
| **Alpen** | **Süd(west)deutsches Schichtstufenland** | **Oberrheinische Tiefebene** |
| | | |
| | | |
| | | |
| | | |



KOHL VERLAG Lernen mit Erfolg
GESCHICHTE UNSERES PLANETEN ERDE
Eine Reise durch 4,6 Milliarden Jahre – Bestell-Nr. 13 031

# Zu sehende natürliche Erdgeschichte in Deutschland (Blatt 1)

EA **Aufgabe**: *Ordne an Hand dieser Anmerkungen richtig zu und notiere, worum es sich bei den Bildern auf Blatt 2 und 3 jeweils handelt.*

**Alpen (Bayern)**
→ relativ junges Faltengebirge, Beginn der Entstehung vor ca. 130 Mio. Jahren;
→ in Deutschland bis zu fast 3000 m hoch

**Hohenzollern (Berg in Baden-Württemberg)**
→ einzeln stehender Berg, auch Zoller(berg) genannt;
→ vor einer Schichtstufe gelegener Zeugenberg mit einer oben widerstandsfähigen Gesteinsschicht

**Braunkohle in der Ville (Nordrhein-Westphalen)**
→ Ville = Höhenzug (Halbhorst);
→ in der Ville Braunkohle, die ab vor ca. 20 Mio. Jahren aus Pflanzenresten hervorging

**Buntsandsteinfelsen von Helgoland (Schleswig-Holstein)**
→ Buntsandstein (= roter Sandstein) entstanden im ältesten Abschnitt des geologischen Zeitalters Trias;
→ liegen auf einem Salzhorst, der sie nach oben gehoben hat

**Druidenstein (Rheinland-Pfalz)**
→ Kegel aus Basalt;
→ erstarrter Schlot (ca. 25 Mio. Jahre alt) eines ehemaligen Vulkans

**Elbe im Elbsandsteingebirge (Sachsen)**
→ Entstehung des Elbsandsteingebirges im geologischen Zeitalter Kreide;
→ Durchbruch des Flusses Elbe durch das Elbsandsteingebirge im Quartär

**Externsteine (Nordrhein-Westphalen)**
→ Felsengruppe bestehend aus Sandstein;
→ vor etwa 80 Mio. Jahren entstanden, später emporgehoben

**Findling von Steinwies (Bayern)**
→ großer Steinblock aus Gneis;
→ durch Gletscher während der letzten Eiszeit aus den Alpen in das Alpenvorland befördert

**Kreidefelsen auf Rügen (Mecklenburg-Vorpommern)**
→ gebildet aus den Kalkskeletten sehr vieler Algen im Meer;
→ Beginn der Bildung vor ungefähr 70 Mio. Jahren

**Laacher See (Rheinland-Pfalz)**
→ ehemals kesselförmige Hohlform eines Vulkans, der zuletzt vor ca. 13.000 Jahren ausbrach;
→ darin Bildung des heutzutage bestehenden Sees

GESCHICHTE UNSERES PLANETEN ERDE
Eine Reise durch 4,6 Milliarden Jahre – Bestell-Nr. 13 031
KOHL VERLAG

# Zu sehende natürliche Erdgeschichte in Deutschland (Blatt 2)

1.

2.

3.

4.

5.

# Zu sehende natürliche Erdgeschichte in Deutschland (Blatt 3)

6.

7.

8.

9.

10.

# Der Einschlag eines Asteroiden

Es geschah vor ca. 14,6 Millionen Jahren. Damals gab es noch keine Menschen. Wissenschaftler ermittelten an Hand von Gesteinsproben durch Vergleiche: Im heutigen **Nördlinger Ries**[1] – im heutigen Bayern zwischen der Schwäbischen Alb und der Fränkischen Alb gelegen – krachte ein Asteroid in den Boden.

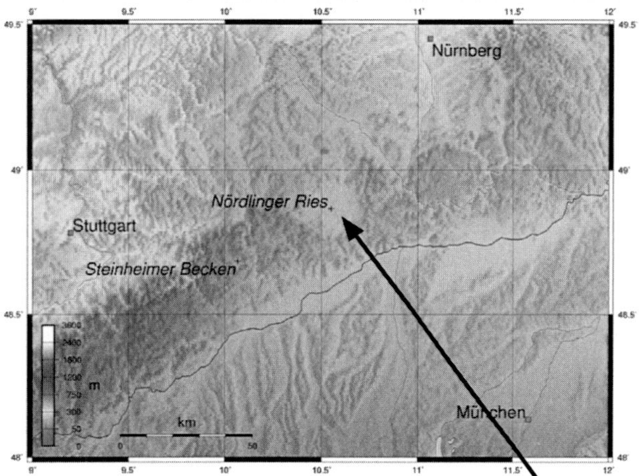


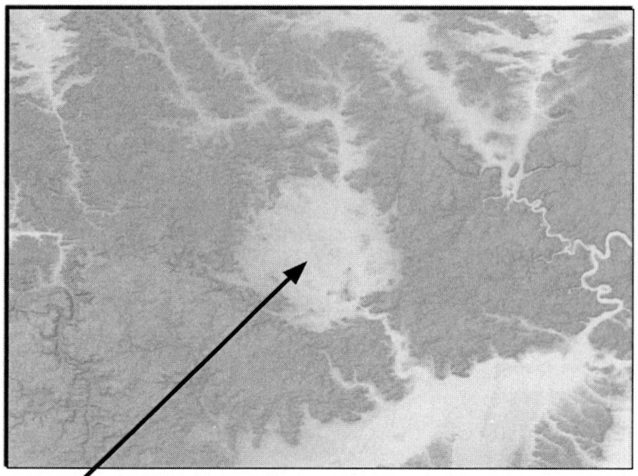

**Krater Nördlinger Ries**

Der Asteroid, bei dem ein Durchmesser von ca. 1 km vermutet wird, hinterließ einen tiefen, fast kreisrunden Krater mit einem Durchmesser von bis zu etwa 25 km. Die Tiefe des Kraters soll ungefähr 500 m betragen haben. Darin bildete sich später ein Kratersee (Flächengröße in etwa 400 km²).

Anschließend verlandete der See. Im ehemaligen See wie überhaupt im Krater lagerten sich im Laufe der Zeit große Mengen an Sedimenten ab.

Erst hauptsächlich aufgrund von Erosion sowie Verwitterung wurde die Form des Kraters wieder erkennbar. Deutlich sichtbar ist die Form des Kraters heutzutage (nur) bei der Betrachtung der Landschaft Nördlinger Ries von oben aus der Luft.

EA **Aufgabe**: *Was weißt du nun über das Nördlinger Ries? Notiere selbst formulierte Sätze.*

[1] Die Bezeichnung *Ries* soll abgeleitet sein vom Namen der ehemals bestehenden römischen Provinz *Raetia*.

# Was weißt du / wisst ihr über …? (Blatt 1)

## Ein Spiel

Spielerzahl: 2, 3 oder 4 Spieler bzw. Teams

Spielmaterialien:

für neutralen Spielleiter (= z. B. Lehrer):

→ 1 Spielplan (siehe Vorlage Blatt 2);

→ 1 Schreibstift und Papier (zum Notieren der von den einzelnen Spielern/Teams erzielten Punkte);

→ evtl. Uhr (zur Kontrolle des Endes der Zeit zum Antworten);

je Spieler/Team: 1 Spielplan (siehe Vorlage Blatt 2)

Spielregeln:

Im Wechsel müssen sich die Spieler/Teams zu jeweils einem der 24 auf dem Spielplan genannten Themen äußern. Aufgabe ist es, 1, 2 oder 3 richtige Aussagen (je nach Festlegung vor Spielbeginn) zum jeweiligen Thema zu machen.

Für jede richtige Aussage gibt es 1 Punkt. Wer an der Reihe ist, darf sich immer ein Thema aussuchen, das im bisherigen Verlauf des Spiels noch nicht ausgewählt worden ist.

Spielsieg:

Der Spieler bzw. das Team mit schließlich den meisten erzielten Punkten erringt den Spielsieg.

Spielvariationen:

→ Die Spieler/Teams dürfen sich nicht das Thema aussuchen, sondern müssen sich zu den Themen äußern gemäß der auf dem Spielplan vorgegebenen Reihenfolge (Nr. 1, Nr. 2, Nr. 3 …).

→ Je nachdem, wie viele richtige Aussagen (z. B. 5) der Spieler/das Team zum Thema machen kann, bekommt er/es dafür Punkte.

# Was weißt du / wisst ihr über …? (Blatt 2)

| | | | | | |
|---|---|---|---|---|---|
| 1. das Universum | 2. die Entstehung der Erde | 3. die Gliederung der Erdgeschichte | 4. die Entstehung der Erde | 5. das Archaikum | 6. das Proterozoikum |
| 7. das Phanerozoikum | 8. die Unterteilung des Phanerozoikums | 9. der Aufbau des Erdinneren | 10. die Plattentektonik | 11. Vulkanismus, Erdbeben, Seebeben | 12. Gesteine |
| 13. die Gestaltung der Erdoberfläche | 14. den Grand Canyon | 15. Wasserflächen auf der Erde | 16. Bodenschätze | 17. Erdböden | 18. Klimaänderungen und Klima-schwankungen |
| 19. Fossilien | 20. die Entstehung und Entwicklung des Lebens auf der Erde | 21. die Dinosaurier | 22. die Menschen | 23. die Erdgeschichte Deutschlands | 24. die 6 Großlandschaften Deutschlands |

# Kreuzworträtsel (II)

EA **Aufgabe**: *Löse das Kreuzworträtsel. Trage dazu die 13 Begriffe, die du aus den Hinweisen erhältst, waagerecht ein. Die Buchstaben in den markierten Kästchen in der Mitte ergeben schließlich von oben nach unten das gesuchte Lösungswort. Ä=Ä*

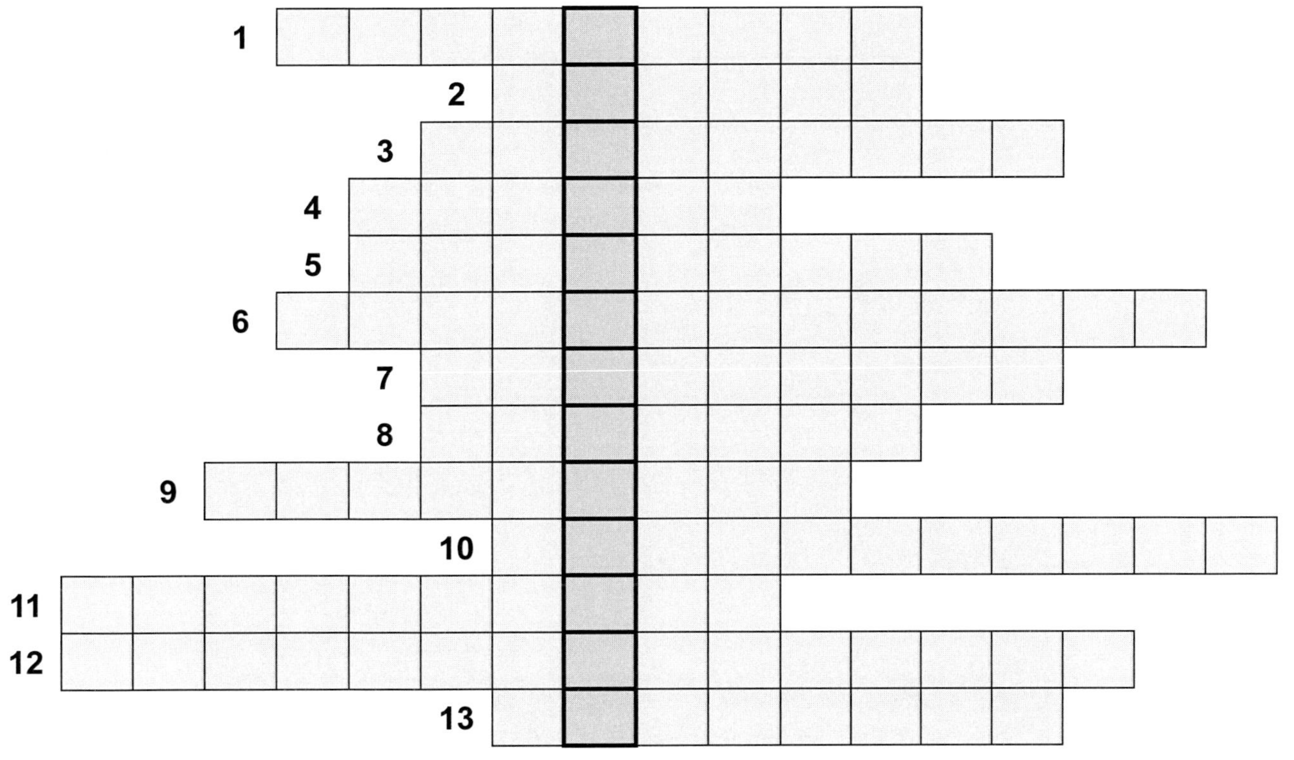


1. solche Zeiten gab es in der Vergangenheit der Erde
2. Name eines sehr harten Gesteins
3. äußere feste Gesteinshülle der Erde
4. Name eines ehemals bestehenden Superkontinents
5. Die Erde ähnelte anfangs einem …
6. Vordringen des Meeres in kontinentale Gebiete
7. Zweiter Hauptabschnitt in der Geschichte der Erde
8. Präkambrische Festlandskerne, nicht bedeckt von Sedimenten
9. sehr große Gesteinsbrocken, transportiert durch Gletscher
10. fruchtbarer Bodentyp
11. brennbarer Bodenschatz aus dem Erdinneren
12. Verschiebungen der Erdplatten erfolgten durch die …
13. Name der Wissenschaft, die sich mit der Geschichte und dem Aufbau der Erde befasst

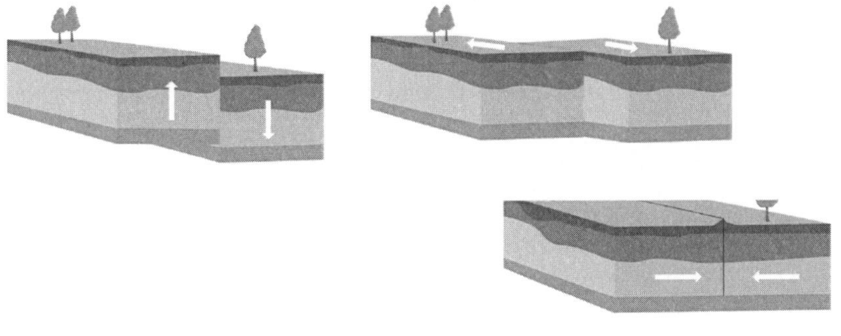

# Test 2 (Blatt 1)

EA

1. *Nenne mindestens 2 endogene und mindestens 2 exogene Kräfte.*

2. *Wodurch entstand der Grand Canyon?*

3. *Was versteht man unter dem Begriff Transgression?*

4. *Wie viel Prozent der Erdoberfläche bestand im Archaikum aus Wasser?*

5. *Wie viel Prozent der Erdoberfläche besteht heute aus Wasser?*



GESCHICHTE UNSERES PLANETEN ERDE
Eine Reise durch 4,6 Milliarden Jahre – Bestell-Nr. 13 031
KOHL VERLAG

# Test 2 (Blatt 2)

**6.** *Aus welcher der 3 großen Gesteinsgruppen ging Eisenerz hervor?*

**Bändereisenerz, 2,1 Milliarden Jahre alt**

**7.** *Nenne mindestens 3 verschiedene Erdböden, die gemäß ihrer Ausgangsmaterialien unterschieden werden.*

**8.** *Nenne mind. 4 natürliche Ursachen für Klimaveränderungen und Klimaschwankungen.*

**9.** *Nenne die 3 großen Gruppen von Pflanzen in der richtigen zeitlichen Reihenfolge ihres Auftretens auf der Erde.*

**10.** *Wann etwa starben die Dinosaurier auf der Erde aus?*

# Wenn die Erde sprechen könnte

EA **Aufgabe**: *Was könnte die Erde über ihre Vergangenheit sagen? Überlege dir und notiere in der großen Sprechblase mögliche Aussagen der Erde.*

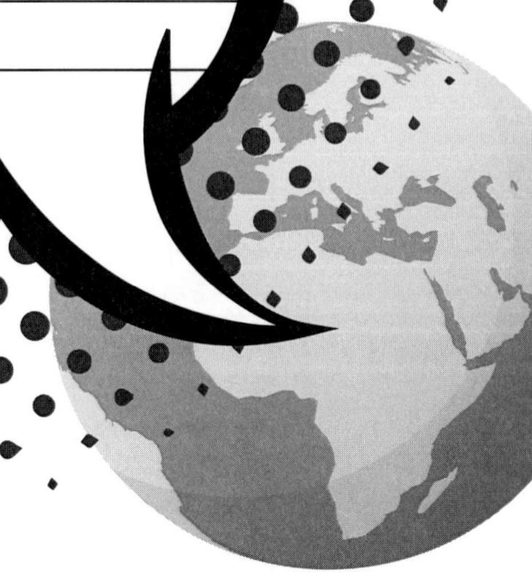

# Lösungen

## Das Universum (S. 5)

**Aufgabe**: Individuelle Lösungen

## Die Entstehung der Erde (S. 6)

**Aufgabe**: **1.** Wissenschaft; **2.** Altersbestimmungen; **3.** Geburt; **4.** Wolke; **5.** Partikel; **6.** Sonne; **7.** Planeten; **8.** Himmelskörper; **9.** Gebilden; **10.** Erde

## Erde, Theia und Mond (S. 7)

**Aufgabe**: Individuelle Lösungen

## Gliederung der Geschichte der Erde (S. 9)

**Aufgabe**:

| | | |
|---|---|---|
| **1.** | Diese Wissenschaft befasst sich insbesondere mit der Erdgeschichte: | Geologie |
| **2.** | In so viele Hauptabschnitte wird die Erdgeschichte unterteilt: | vier |
| **3.** | Wissenschaftler nennen die Hauptabschnitte der Erdgeschichte: | Äonen |
| **4.** | Danach ist der erste Hauptabschnitt der Erdgeschichte benannt: | nach dem griechischen Gott der Unterwelt, nämlich Hades |
| **5.** | Der zweite Hauptabschnitt der Erdgeschichte heißt: | Archaikum |
| **6.** | So wird der dritte Hauptabschnitt der Erdgeschichte bezeichnet: | Proterozoikum |
| **7.** | Man kann den dritten Hauptabschnitt der Erdgeschichte auch titulieren als: | Zeitraum des frühen Lebens |
| **8.** | Der Name des jüngsten Hauptabschnittes der Erdgeschichte lautet: | Phanerozoikum |
| **9.** | Kurz lässt sich der vierte Hauptabschnitt der Erdgeschichte auch kennzeichnen als: | Zeitraum des sichtbaren Lebens von Lebewesen |
| **10.** | Als Präkambrium werden diese 3 Hauptabschnitte der Erdgeschichte zusammengefasst: | Hadaikum, Archaikum, Proterozoikum |

## Das Hadaikum (S. 10)

**Aufgabe**: **a)** 3; 6; 5; 8; 10; 1; 9; 4; 7; 2

**b)**
**1.** Sagen lässt sich, dass das Hadaikum mehr oder weniger „die Hölle auf der Erde“ war.
**2.** Im frühen Zustand glühte und brodelte die Erde.
**3.** Im Hadaikum kam es zu Zusammenstößen der Erde mit anderen Himmelskörpern.
**4.** Betroffen war die Erde damals sehr oft von Meteoriteneinschlägen.
**5.** Im Verlauf des Hadaikums bildete sich die erste Atmosphäre der Erde – hauptsächlich bestehend aus Kohlendioxid und Wasserdampf.
**6.** Möglicherweise entstanden auf der Erde schon erste größere Wasserflächen (Meere).
**7.** Allmählich erstarrte die Erdoberfläche, eine Erdkruste entwickelte sich.
**8.** Doch die Erdkruste brach an so manchen Stellen (immer) wieder auf.
**9.** Einige Gesteine formten sich, die Forscher in jüngster Zeit entdeckten.
**10.** Auf der Erde fand aber noch kein Leben statt.

# Lösungen

## Das Archaikum (S. 11)

**Aufgabe**: **1.** kamen; **2.** sollen; **3.** handelte; **4.** ernährten; **5.** enthielt; **6.** bestand; 7. bildeten; **8.** entstanden; **9.** erhoben; **10.** besaßen

## Das Proterozoikum (S. 12)

**Aufgabe**: Individuelle Lösungen

## Das Phanerozoikum (S. 13)

**Aufgabe**: Individuelle Lösungen

## Was gehört zu welchem Hauptabschnitt? (S. 14)

**Aufgabe**:

| Hadaikum | Archaikum | Proterozoikum | Phanerozoikum |
|---|---|---|---|
| Atmosphäre bestehend aus Kohlendioxid und Wasserdampf | Anfänge der Bildung von Gebirgen | bereits Vorfahren von Ringelwürmern sowie Schwämmen | Dinosaurier |
| Erde glühend heiß | Entstehung des Wasserkreislaufes | erste vielzellige winzige Lebewesen | Massensterben von Lebewesen |
| Beginn der Bildung der Erdkruste | erste Kontinente | in der Erd-atmosphäre nun auch Sauerstoff | Pflanzen an Land |
| höllenähnliche Bedingungen auf der Erde | erstmals Lebewesen auf der Erde | „Schneeball-Erde" | Superkontinent Pangäa |
| noch kein Leben auf der Erde | Urozeane | Superkontinent Rodinia | Wirbeltiere auf dem Land |

## Unterteilung des Phanerozoikums (S. 15)

**Aufgabe**:

<u>Kambrium</u>: vor ca. 540-485 Mio. Jahren;
<u>Ordovizium</u>: vor ca. 485-443 Mio. Jahren;
<u>Silur</u>: vor ca. 443-419 Mio. Jahren;
<u>Devon</u>: vor ca. 419-359 Mio. Jahren;
<u>Karbon</u>: vor ca. 359-299 Mio. Jahren;
<u>Perm</u>: vor ca. 299-252 Mio. Jahren;
<u>Trias</u>: vor ca. 252-201 Mio. Jahren;
<u>Jura</u>: vor ca. 201-145 Mio. Jahren;
<u>Kreide</u>: vor ca. 145-66 Mio. Jahren;
<u>Paläogen</u>: vor ca. 66-23 Mio. Jahren;
<u>Neogen</u>: vor ca. 23-2,6 Mio. Jahren;
<u>Quartär</u>: vor ca. 2,6 Mio. Jahren bis heute



GESCHICHTE UNSERES PLANETEN ERDE
Eine Reise durch 4,6 Milliarden Jahre – Bestell-Nr. 13 031
KOHL VERLAG

# Lösungen

## Schätz mal! (S. 16)

**Aufgabe**: **1.** Quartär; **2.** Kambrium; **3.** Jura; **4.** Neogen; **5.** Karbon; **6.** Kreide; **7.** Perm; **8.** Devon; **9.** Trias; **10.** Paläogen; **11.** Ordovizium; **12.** Silur

## Der Aufbau des Erdinneren (S. 17)

**Aufgabe**:

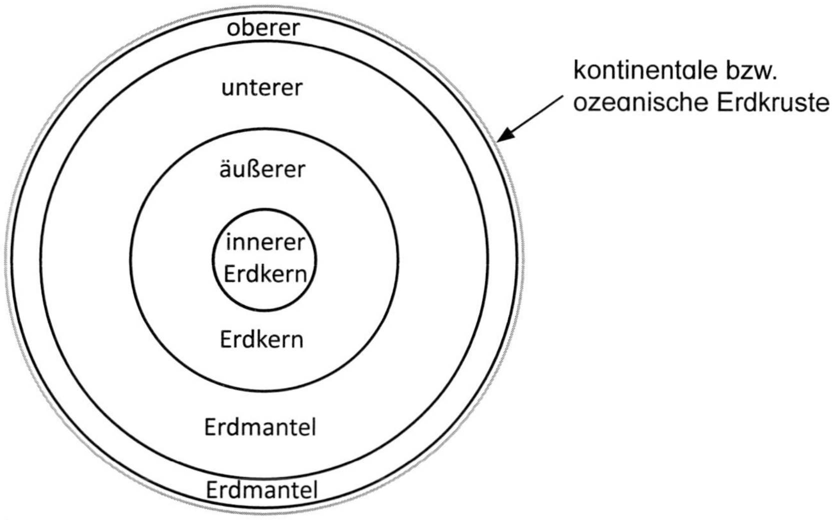


## Die Plattentektonik (I) (S. 18)

**Aufgabe**:

**a)** 8; 4; 9; 1; 10; 2; 6; 5; 3; 7

**b)**
1. Die natürliche Entwicklung (auf) der Erde wird u. a. mit Hilfe der sogenannten Plattentektonik erklärt.
2. Ab den sechziger Jahren des 20. Jahrhunderts setzte sich in der Wissenschaft die (ursprüngliche) Theorie der Plattentektonik durch.
3. Heutzutage wird die Plattentektonik allgemein anerkannt.
4. Der Begriff Plattentektonik setzt sich aus 2 Wörtern zusammen:
5. Mit Platten sind Erdplatten gemeint, das Fremdwort Tektonik bezieht sich auf den Bau und die Bewegungen der Erdkruste.
6. Gemäß der Plattentektonik verschieben sich die Erdplatten der festen Lithosphäre (= Erdkruste und äußerster Teil des oberen Erdmantels).
7. Dieses Verschieben wird bewirkt durch zähplastisches Gesteinsfließen in der Asthenosphäre, hervorgerufen durch Strömungen darunter.
8. Die Asthenosphäre liegt unterhalb der Lithosphäre im oberen Erdmantel.
9. Über die gesamte Erdoberfläche erstrecken sich die Erdplatten.
10. Nicht schnell, vielmehr sehr langsam bewegen sich die Erdplatten (nur wenige cm im Jahr) …

## Die Plattentektonik (II) (S. 19)

**Aufgabe**:

**a)** Richtige Aussagen: 3., 4., 6., 7., 9.

**b)**
1. Auf der Erdoberfläche bestehen weniger Landflächen als Wasserflächen.
2. Unterschieden werden weniger als 10 große Erdplatten, nämlich höchstens 9.
3. Indien und China liegen auf verschiedenen Erdplatten.

8. Die Südamerikanische Erdplatte und die Afrikanische Erdplatte entfernen sich voneinander.

10. Die Grenzen zwischen den Erdplatten verlaufen meistens durch Ozeane oder Meere.

# Lösungen

## Vom Superkontinent Pangäa zu den heutigen Kontinenten (S. 20)

**Aufgabe:** Individuelle Lösungen

## Vulkanismus, Erdbeben, Seebeben (S. 21)

**Aufgabe:**

**a)** Feste, flüssige und/oder gasförmige Stoffe steigen aus dem Erdinneren auf und treten an der Erdoberfläche aus. Der Begriff lässt sich vom Namen des römischen Feuergottes Vulcanus herleiten.

**b)** So werden die stoßartig auftretenden Erschütterungen (in) der Erdkruste genannt.

**c)** Als Seebeben bezeichnet man Erdbeben, deren Ursprung unter einem Ozean oder Meer liegt.

**d)** Magmaströme steigen aus dem tieferen Erdmantel in engen Säulen auf bis hin zur Erdoberfläche.

**e)** Bei Magma handelt es sich um gashaltige Gesteinsschmelze im Erdinneren.

## Gesteine (I) (S. 22)

**Aufgabe:**

**a)** mehr oder minder feste Bestandteile der Erdkruste, die Mineralien enthalten, z. B. Quarz, Feldspat, Glimmer …

**b)** harte Gesteine

**c)** weiche Gesteine

**d)**
- magmatische Gesteine (= Erstarrungsgesteine);
- Sedimentgesteine (= Ablagerungsgesteine);
- metamorphe Gesteine (= Umwandlungsgesteine)

## Gesteine (II) (S. 23)

**Aufgabe:** Individuelle Lösungen

## Einige Gesteine (S. 24, 25)

**Aufgabe:** **1.** Kalkstein; **2.** Steinkohle; **3.** Marmor; **4.** Brekzie; **5.** Sandstein; **6.** Granit; **7.** Gneis; **8.** Basalt; **9.** Konglomerat; **10.** Feuerstein

## Ein Findling am Hamburger Elbstrand (S. 26)

**Aufgabe:**

**a)** Ein Findling ist ein einzelner, großer, schwerer Gesteinsblock, gefunden an der Erdoberfläche oder noch im Erdboden steckend.

**b)** Der Findling gelangte per Gletscher nach Norddeutschland, als hier noch Eiszeit war.

**c)** Höchstwahrscheinlich stammt der Findling aus Skandinavien – transportiert durch Gletscher.

**d)** Individuelle Lösungen

# Lösungen

## Test 1 (S. 27, 28)

**Aufgabe**:

**1.** Notiere 3 Angaben über die Entstehung unseres Sonnensystems.
- Die Erde ist als Teil des Sonnensystems mit ihm entstanden.
- Das Sonnensystem entstand aus einer riesigen, sich drehenden Wolke aus Gas, Staub und Gesteinsbrocken.
- Aus Teilen dieser Wolke bildeten sich Sonne, Planeten, Monde, Asteroiden …

**2.** Nenne die 4 Hauptabschnitte der Erdgeschichte.
Hadaikum, Archaikum, Proterozoikum, Phanerozoikum

**3.** Welche 3 Hauptabschnitte werden wozu zusammengefasst?
- Hadaikum, Archaikum, Proterozoikum;
- zusammengefasst zum: Präkambrium

**4.** Der Zeitabschnitt (= System) „Jura“ gilt allgemein als das „Zeitalter der Dinosaurier“, weil damals die meisten Dinosaurier lebten. Du kennst sicher das Logo des Films „Jurassic Park“. Dinosaurier der Art „Tyrannosaurus Rex“ sollen im Zeitraum von vor 68-66 Mio. Jahren gelebt haben. Was bedeutet das?
Der T. Rex lebte am Ende des Systems „Kreide“. Er passt also eigentlich nicht auf das Film-Logo „Jurassic Park“, hat aber wohl die stärkste Wirkung als Werbung.

**5.** Sind die Erdkerne, der äußere und der innere, jeweils fest oder (zäh)flüssig?
Der innere Erdkern ist fest, der äußere (zäh)flüssig.

**6.** In welche beiden Kontinente zerbrach der Superkontinent Pangäa vor ca. 200-175 Millionen Jahren?
Pangäa zerbrach in die beiden Kontinente Laurasia sowie Gondwana(land).

**7.** Was kannst du über die Entstehung von Sedimentgestein sagen?
Sedimentgestein nennt man auch Ablagerungsgestein. Es entstand durch die Verwitterung von abgelagerten Tier- und Pflanzenresten.

**8.** Welche der 3 großen Gruppen von Gesteinen kommt in der Erdkruste am häufigsten vor?
magmatische Gesteine

**9.** Was haben die Gesteine Brekzie und Konglomerat gemeinsam?
Bei beiden Gesteinsarten sind viele andere (kleine) Gesteine zu einer Gesteinsmasse verkittet worden.

**10.** Welche Auswirkung hat es, dass durch Island eine Grenze zwischen 2 tektonischen Erdplatten verläuft?
In Island gibt es zahlreiche Vulkane. Island ist sogar die größte Vulkaninsel der Welt.

## Gestaltung der Erdoberfläche (S. 29)

**Aufgabe**: **1.** ungestörte Überlagerung; **2.** Schrägstellung; **3.** Verbiegung; **4.** Faltung; **5.** Überschiebung; **6.** Sattel; **7.** Mulde; ***8.*** Grabenbruch; **9.** Pultscholle; **10.** Horst

## Grand Canyon (S. 30)

**Aufgabe**: Individuelle Lösungen

# Lösungen

## Wasserflächen auf der Erde (S. 31)

**Aufgabe**:

| | | |
|---|---|---|
| **1.** | Daraus bildeten sich wahrscheinlich die ersten großen Wasserflächen auf der Erde: | aus in der Uratmosphäre befindlichem Wasserdampf, der sich verflüssigte |
| **2.** | Für das Verb verflüssigen wird auch dieses Verb gebraucht: | kondensieren |
| **3.** | Die ersten großen Wasserflächen auf der Erde entstanden vermutlich vor: | etwa 4,4 Milliarden Jahren |
| **4.** | Vor ca. 2,7 Milliarden Jahren betrug der Anteil der Landoberflächen an der gesamten Erdoberfläche: | ca. 3 % |
| **5.** | Panthalassa war: | ein riesengroßer Ozean, der Pangäa umgab |
| **6.** | Pangäa gilt als: | ein Superkontinent |
| **7.** | Dieser Ozean entwickelte sich aus Panthalassa: | der Pazifische Ozean |
| **8.** | Unter einer Transgression wird verstanden: | das Vordringen des Meeres in kontinentale Gebiete |
| **9.** | Als Regression wird bezeichnet: | der Rückzug des Meeres vom bisher überschwemmten Land |
| **10.** | So viel Prozent der Erdoberfläche sind heutzutage von Wasser bedeckt: | mehr als 70 % |

## Bodenschätze (S. 32)

**Aufgabe**: Individuelle Lösungen

## Erdböden (S. 33)

**Aufgabe**:

| | | |
|---|---|---|
| **1.** | Was wird als (ein) Erdboden bezeichnet? | die gewöhnlich oberste, mehr oder weniger lockere Schicht der Erdkruste |
| **2.** | Was enthalten Erdböden? | Mineralien, Pflanzenreste, Tierreste, Mikroorganismen, Wasser, Luft … |
| **3.** | Inwiefern spielten Gesteine eine Rolle bei der Bildung von Erdböden? | Sie werden zersetzt insbesondere durch mechanische und chemische Verwitterung. |
| **4.** | Was lässt sich über die Zeitdauer der Bildung von Erdböden sagen? | langwierige Vorgänge, in durchschnittlich ca. 15.000 Jahren Entstehung von Erdboden mit 1 m Tiefe |
| **5.** | Welche Böden z. B. werden gemäß ihrer Ausgangsmaterialien unterschieden? | Sandböden, Schluffböden, Tonböden, Lehmböden, Kalkböden, Moorböden … |
| **6.** | Unter welchem Begriff fasst man nach Farben benannte Erdböden wie Schwarzerde, Braunerde, Bleicherde, Roterde … zusammen? | Bodentypen |

# Lösungen

## Erdböden (S. 33)

**Aufgabe**:

| | | |
|---|---|---|
| **7.** | Wie werden die Schichten des Erdbodenprofils genannt? | A-Horizont (= Oberboden), B-Horizont (= Unterboden), C-Horizont (= Ausgangsgestein) |
| **8.** | Humus – was ist damit gemeint? | Die oberste Erdbodenschicht, in der Pflanzen wachsen (= A-Horizont), fruchtbarer Humus, wird auch Mutterboden genannt. |
| **9.** | Welcher Bodentyp ist am fruchtbarsten? | Schwarzerde, auch Tschernosem genannt *tschernosjom* (russ.) = Schwarzerde |
| **10.** | Wieso ist die Erosion eine Gefahr für Erdböden? | Sie können durch Wasser sowie Wind zerstört und abgetragen werden. |

## Klimaänderungen und Klimaschwankungen (I) (S. 34)

**Aufgabe**: Individuelle Lösungen

## Klimaveränderungen und Klimaschwankungen (II) (S. 35)

**Aufgabe**: **1.** Es; **2.** Der; **3.** Als; **4.** Im; **5.** bedeckt; **6.** Warmzeiten; **7.** Wir; **8.** Auf; **9.** Gesprochen; **10.** Dafür

## Fossilien (S. 36)

**Aufgabe**: Individuelle Lösungen, z. B.:

Fossilien geben Hinweise auf die Erdgeschichte sowie die Entwicklung von Leben auf der Erde. Das Fremdwort Fossilie stammt aus der lateinischen Sprache: *fossilis* (lat.) = ausgegraben.

Als Fossilien werden ausgegrabene ganze verstorbene Lebewesen oder Reste bzw. Abdrücke von solchen bezeichnet. Fossilien können Pflanzen, Pilze, Tiere etc. sein. Von Fossilien wird ab deren Alter von mindestens 10.000 Jahren gesprochen.

Zu Fossilien kann es kommen durch Versteinerungen, Erfrieren, Austrocknung oder Einschließen, wie es z. B. bei Fossilien im Bernstein der Fall ist. Fossilien sind umso besser erhalten, je mehr sie z. B. von Ablagerungen ganz umgeben werden. Der Vorgang der Bildung von Fossilien wird Fossilisation genannt.

Fossilien, die für eine bestimmte Erd-/Gesteinsschicht typisch sind, gelten als Leitfossilien. Sie sind individuell zahlreich und weit verbreitet in jeweils einem bestimmten geologischen Zeitalter; z. B. kommen Ammoniten (= ausgestorbene Kopffüßer) im Jura sehr häufig vor.

# Lösungen

## Kreuzworträtsel (I) (S. 37)

**Aufgabe**:

|  | | | | | | | | | | | | | | | | | |
|---|---|---|---|---|---|---|---|---|---|---|---|---|---|---|---|---|---|
| 1 | | A | L | T | E | R | **S** | B | E | S | T | I | M | M | U | N | G |
| 2 | | | | | | W | **O** | L | K | E | | | | | | | |
| 3 | | | | P | H | A | **N** | E | R | O | Z | O | I | K | U | M | |
| 4 | | | | | Ä | O | **N** | E | N | | | | | | | | |
| 5 | | | H | Ö | L | L | **E** | | | | | | | | | | |
| 6 | | K | O | H | L | E | **N** | D | I | O | X | I | D | | | | |
| 7 | | S | A | U | E | R | **S** | T | O | F | F | | | | | | |
| 8 | P | H | O | T | O | S | **Y** | N | T | H | E | S | E | | | | |
| 9 | | | | M | E | N | **S** | C | H | E | N | | | | | | |
| 10 | | | | K | O | N | **T** | I | N | E | N | T | E | | | | |
| 11 | | | | | | P | **E** | R | M | | | | | | | | |
| 12 | | | | | H | I | **M** | A | L | A | Y | A | | | | | |

## Entstehung und Entwicklung des Lebens auf der Erde (I) (S. 38)

**Aufgabe**: Individuelle Lösungen

## Entstehung und Entwicklung des Lebens auf der Erde (II) (S. 39)

**Aufgabe**: **1.** Tiere; **2.** Farnpflanzen; **3.** Samenpflanzen; **4.** Blütenpflanzen; **5.** Fische; **6.** Amphibien; **7.** Reptilien; **8.** Säugetiere; **9.** Umweltbedingungen; **10.** Lebewesen

## Dinosaurier (S. 40-41)

**Aufgabe 1**:

**a)** Richtige Aussagen: 1., 4., 5., 8., 10.

**b)**
- **2.** Zumindest etwa 165 Millionen Jahre lang gab es Dinosaurier auf der Erde.
- **3.** Der britische Wissenschaftler Richard Owen prägte den Begriff Dinosaurier.
- **6.** Die meisten Dinosaurier fraßen Pflanzen.
- **7.** Einige wenige Arten der Dinosaurier lebten nicht auf dem Land, sondern im Wasser.
- **9.** Vor rund 66 Millionen Jahren starben die Dinosaurier auf der Erde aus.

**Aufgabe 2**: Individuelle Lösungen

## Menschen (S. 42)

**Aufgabe**:

| | | |
|---|---|---|
| **1.** | In der bisherigen Erdgeschichte kommen | Menschen erst ganz spät vor. |
| **2.** | Der deutsche Physiker H. Haber (1913-1990) titulierte die | Menschen einst als die „Eintagsfliegen in der Erdgeschichte“. |
| **3.** | Als Vormenschen gelten Hominide, (= Menschenartige), *homo* (lat.) = Mensch | die ab vor ca. 4 Millionen Jahren lebten. |
| **4.** | Urmenschen gab es auf der Erde | ab vor ungefähr 2,5 Millionen Jahren. |

# Lösungen

## Menschen (S. 42)

**Aufgabe**:

| | | |
|---|---|---|
| **5.** | Frühmenschen wie der *Homo erectus*<br>*homo erectus* (lat.) = der aufgerichtete Mensch | lebten wahrscheinlich von etwa vor 2 Millionen Jahren an. |
| **6.** | Seit rund 300.000 Jahren waren<br>*homo sapiens* (lat.) = der weise, kluge Mensch | Menschen der Art *Homo sapiens* auf der Erde anzutreffen. |
| **7.** | Bisher wird in der Wissenschaft davon ausgegangen, | dass die ersten Menschen in Afrika lebten. |
| **8.** | Von daher gilt der Kontinent Afrika | als „die Wiege der Menschheit“. |
| **9.** | Von dort aus besiedelten Menschen im Laufe der Zeit andere | Kontinente (mit Ausnahme von Antarktika). |
| **10.** | Menschen sind die geistig | am höchsten entwickelten Lebewesen. |

## Zur Erdgeschichte Deutschlands (S. 43)

**Aufgabe**: Individuelle Lösungen

## Großlandschaften Deutschlands (S. 44)

**Aufgabe**:

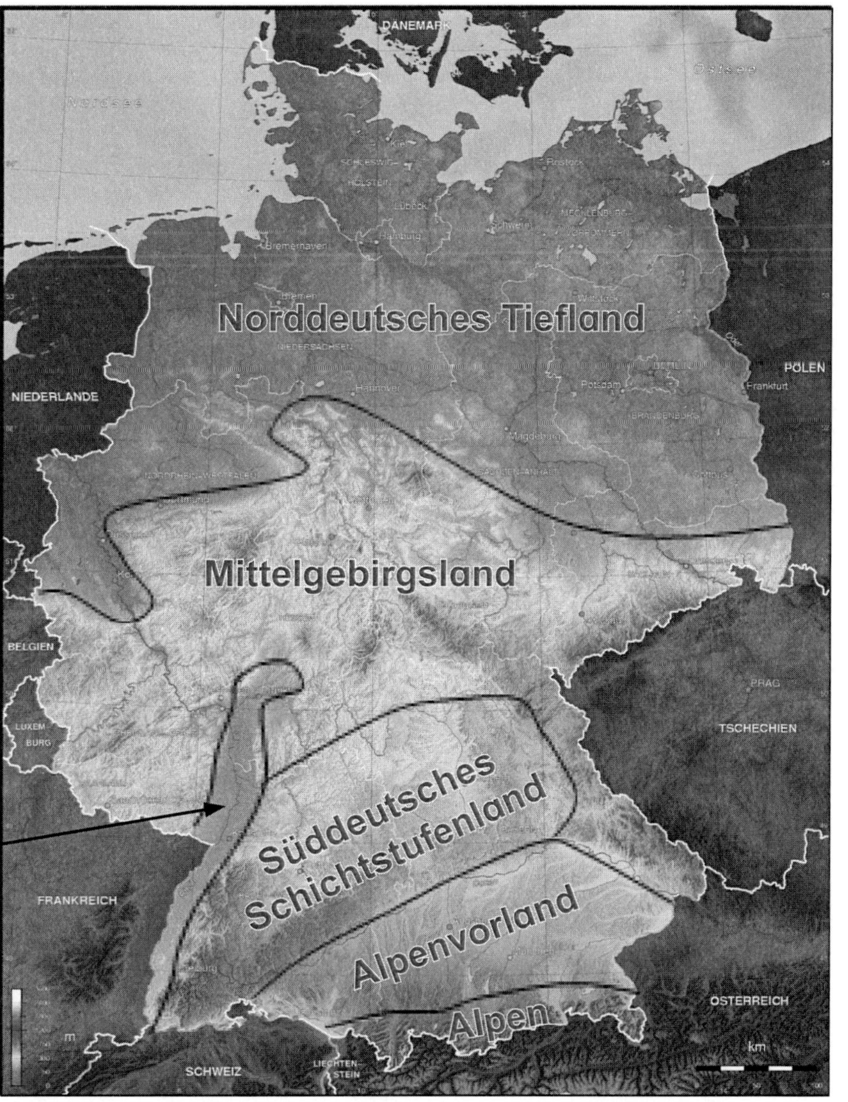


Oberrheinische Tiefebene



GESCHICHTE UNSERES PLANETEN ERDE
Eine Reise durch 4,6 Milliarden Jahre – Bestell-Nr. 13 031
KOHL VERLAG

# Lösungen

## Kennzeichen der 6 Großlandschaften Deutschlands (S. 45)

**Aufgabe**:

| Norddeutsches Tiefland | Mittelgebirgsland (= Mittelgebirgsschwelle) | Alpenvorland |
|---|---|---|
| erstreckt sich bis zur Nordsee und Ostsee | bis mehr als 1400 m hoch | ca. 300-800 m hoch gelegen |
| geformt durch mehrere Eisvorstöße (Gletscher …) aus dem Norden | entstanden durch die variszische Gebirgsbildung | Land der Hügelketten und Seen |
| in der Nacheiszeit Ausbildung von verschiedenen, meistens in Ost-West-Richtung verlaufenden Urstromtälern | waldreiche Gebirgslandschaften | Oberfläche geprägt durch Eisvorstöße (Gletscher …) aus dem Süden |
| von ca. –3,5 m bis 200 m hoch | zahlreiche verschiedene Gebirge | Schotterebenen und Schotterfelder südlich der Donau |
| **Alpen** | **Süd(west)deutsches Schichtstufenland** | **Oberrheinische Tiefebene** |
| Baumgrenze bei ca. 1700-1900 m Höhe | bis über 800 m hoch | etwa 30 km breit sowie 300 km lang |
| ca. 1500 m bis über 2900 m hoch | Schrägstellung von übereinander liegenden harten und weichen Gesteinsschichten | Grabenbruch |
| kalkhaltiges Hochgebirge | treppenartiger Aufbau | ungefähr 200 m über dem Meeresspiegel liegen die meisten Oberflächen |
| relativ junges Faltengebirge | Zeugenberge (= Einzelberge in der Schichtstufenlandschaft) mit oben widerstandsfähiger Gesteinsschicht | vulkanisches Gebirge Kaiserstuhl (bis etwa 560 m hoch) |

## Zu sehende natürliche Erdgeschichte in Deutschland (S. 47)

**Aufgabe**: **1.** Kreidefelsen auf Rügen; **2.** Elbe im Elbsandsteingebirge; **3.** Findling von Steinwies; **4.** Alpen; **5.** Hohenzollern (Berg); **6.** Laacher See; **7.** Braunkohle in der Ville; **8.** Druidenstein; **9.** Externsteine; **10.** Buntsandsteinfelsen von Helgoland

## Der Einschlag eines Asteroiden (S. 50)

**Aufgabe:** Individuelle Lösungen

## Kreuzworträtsel (II) (S. 53)

**Aufgabe**:

|  | | | | | | | | | | | | | | | | | |
|---|---|---|---|---|---|---|---|---|---|---|---|---|---|---|---|---|---|
| 1 | | | | E | I | S | Z | **E** | I | T | E | N | | | | | |
| 2 | | | | | | | G | **R** | A | N | I | T | | | | | |
| 3 | | | | | | E | R | **D** | K | R | U | S | T | E | | | |
| 4 | | | | | P | A | N | **G** | Ä | A | | | | | | | |
| 5 | | | | | F | E | U | **E** | R | B | A | L | L | | | | |
| 6 | | | | T | R | A | N | **S** | G | R | E | S | S | I | O | N | |
| 7 | | | | | | A | R | **C** | H | A | I | K | U | M | | | |
| 8 | | | | | | S | C | **H** | I | L | D | E | | | | | |
| 9 | | | F | I | N | D | L | **I** | N | G | E | | | | | | |
| 10 | | | | | | | S | **C** | H | W | A | R | Z | E | R | D | E |
| 11 | S | T | E | I | N | K | O | **H** | L | E | | | | | | | |
| 12 | P | L | A | T | T | E | N | **T** | E | K | T | O | N | I | K | | |
| 13 | | | | | | | G | **E** | O | L | O | G | I | E | | | |



GESCHICHTE UNSERES PLANETEN ERDE
Eine Reise durch 4,6 Milliarden Jahre – Bestell-Nr. 13 031
KOHL VERLAG

## Test 2 (S. 54)

**Aufgabe:**

1. Nenne mindestens 2 endogene und mindestens 2 exogene Kräfte.
   endogen: Plattentektonik, Vulkanismus, Erdbeben und Seebeben;
   exogen: Sonne, Wind, Wasser, Eis
2. Wodurch entstand der Grand Canyon?
   Durch die Erosionskraft des Flusses Colorado entstand er in mehreren Millionen Jahren.
3. Was versteht man unter dem Begriff Transgression?
   Transgression umschreibt das Vordringen des Meeres in kontinentale Gebiete.
4. Wie viel Prozent der Erdoberfläche bestand im Archaikum aus Wasser?
   97 % der Erdoberfläche bestand im Archaikum aus Wasser.
5. Wie viel Prozent der Erdoberfläche besteht heute aus Wasser?
   über 70 % der Erdoberfläche bestehen heute aus Wasser.
6. Aus welcher der 3 großen Gesteinsgruppen ging Eisenerz hervor?
   Eisenerz ging aus magmatischem Gestein hervor.
7. Nenne mindestens 3 verschiedene Erdböden, die gemäß ihrer Ausgangsmaterialien unterschieden werden.
   Sandböden, Schluffböden, Tonböden, Lehmböden, Kalkböden, Moorböden
8. Nenne mindestens 4 natürliche Ursachen für Klimaveränderungen und Klimaschwankungen.
   nicht konstante Aktivität unserer Sonne; Veränderungen der Erdumlaufbahn um die Sonne; Variationen der Neigung der Erdachse; unterschiedliche Rückstrahlung der auf die Erdoberfläche einfallenden Sonnenstrahlung; Vulkanausbrüche auf der Erde; veränderte Erdoberfläche durch z. B. Entstehung von Gebirgen; Verschiebung von Erdplatten (siehe Theorie der Plattentektonik); Einschläge von Asteroiden und Meteoriten auf der Erde; Änderungen in der Zusammensetzung der Erdatmosphäre; Verlagerungen von Meeresströmungen ...
9. Nenne die 3 großen Gruppen von Pflanzen in der richtigen zeitlichen Reihenfolge ihres Auftretens auf der Erde.
   1. Moos- und Farnpflanzen; 2. Samenpflanzen; 3. Blütenpflanzen
10. Wann etwa starben die Dinosaurier auf der Erde aus?
    Vor rund 66 Millionen Jahren starben die Dinosaurier auf der Erde aus.

## Wenn die Erde sprechen könnte (S. 56)

**Aufgabe:** Individuelle Lösungen

*Elisabeth Höhn*

## Rätselbuch zu Nord- & Südamerika

**Gehirnjogging mit anspruchsvollen Rätseln**

*Viele Abbildungen zeigen Naturwunder, berühmte Gebäude und Sehenswürdigkeiten des Landes. Leicht verständliche Texte informieren über Lage und Größe der Staaten von Nord- und Südamerika, über Politik und Wirtschaft, Kultur und Geschichte, Feste und Feiern, Tiere, Pflanzen und landschaftliche Besonderheiten. Die Rätsel sind ohne Vorbereitungsaufwand sofort einsetzbar. Besonders wichtige Themenschwerpunkte sind in mehreren unterschiedlichen Rätselformen aufgearbeitet.*

5 6 7 8 9 10

| 108 Seiten | 12 950 | ab 20,99 € |
|---|---|---|

*Elisabeth Höhn*

## Rätselbuch zu Japan, China & Indien

**Gehirnjogging mit anspruchsvollen Rätseln**

*Dieses Buch beantwortet rätselnd und spielerisch viele Fragen rund um drei faszinierende Länder Asiens: Japan, China und Indien. Wir lernen Völker, Natur, Kultur und Geschichte dieser drei Länder näher kennen. Übersichtliche Karten stellen diese Länder mit ihren Hauptstädten, Staatsgrenzen, den wichtigsten Großstädten und Landschaften dar. Unzählige Fotos zeigen Naturwunder und Sehenswürdigkeiten. Die abwechslungsreichen Rätsel sind ohne Vorbereitung sofort einsetzbar.*

5 6 7 8 9 10

| 128 Seiten | 12 949 | ab 21,49 € |
|---|---|---|

*Friedhelm Heitmann*

## Erdkunde mit Wissen, Witz & Grips

**Die Lernkartothek**

*So ähnlich wie bei Vokabelkarten wird nach und nach eine Sammlung von 400 Aufgabenkarten mit den Lösungen auf der Rückseite aufgebaut. Jede Karte steht immer für ein besonderes Merkmal, möglichst einen „Gag" eines Unterpunktes aus Themen der SEK I. So wird jedes Stück Lerninhalt mit einem konkreten, besonderen Beispiel erfahren und gemerkt.*

5 6 7 8 9 10

| 104 Seiten | 12 451 | ab 19,99 € |
|---|---|---|

*Hans-Peter Pauly*

## Kreuzworträtsel Erdkunde

**Prüfung & Festigung des Allgemeinwissens**

*__34 Kreuzworträtsel__ zu verschiedenen erdkundlichen Themen.*

*__Inhalt__: Länder, Kontinente & Ozeane; Tag & Nacht, Jahreszeiten; Rund um die Erde, Die Bundesländer, Erdgeschichte, Vulkanismus & Plattentektonik, Klimazonen, Zeitzonen u.v.m.*

5 6 7 8 9 10

| 48 Seiten | 11 320 | ab 11,99 € |
|---|---|---|

PDF plus

*Tim Schrödel*

## Logikrätsel Erdkunde

**Logicals zum Training des logischen Denkens**

*Mit den __35 Logikrätseln__ werden die Gehirnzellen ordentlich angestrengt – und nebenbei wird auch noch erdkundliches Wissen vermittelt! Logikrätsel erhöhen die geistige Fitness. Sie sind ein ideales Training für den Kopf, erhöhen die Konzentration und machen Spaß!*

5 6 7 8 9

| 48 S. | Klasse 5-8 | 11 493 | ab 13,49 € |
|---|---|---|---|
| 48 S. | Klasse 7-9 | 11 547 | ab 11,99 € |

PDF plus

*Hermann Krämer-Eis*

## Rätselhafte Atlasarbeit

*Der Umgang mit Karten und Register wird spielerisch eingeübt und gefestigt. Hier sind motivierende Übungen auf 45 Rätsel- und Übungsseiten mit __über 700 Fragestellungen__. Die Aufgaben sind ständig einsetzbar im Erdkundeunterricht, als sinnvolle Überbrückungsphasen bei differenziertem Lerntempo der Klassen, als motivierende Lernzeit- und Hausaufgabenübungen ...*

5 6 7 8 9 10 11-13

| 100 Seiten | 11 913 | ab 19,99 € |
|---|---|---|

PDF plus

*Hermann Krämer-Eis*

## Geographie-Rätsel ... *mit Witz!*

*Diese Rätsel verknüpfen die Elemente Lernen, Denken, Wiederholen und Schmunzeln. Dabei fordern die geografischen Rätsel zu einer neuen Art der Atlasarbeit geradezu heraus. Die Aha-Momente in Verbindung mit einem Lächeln sind vorprogrammiert, ein wenig „um-die-Ecke-denken" ist dabei hilfreich.*

5 6 7 8 9 10 11-13

| Klasse 5-8 | 11 429 | je 56 Seiten |
|---|---|---|
| Klasse 8-13 | 11 430 | ab 13,49 € |

BF PDF plus

*Friedhelm Heitmann*

## Das Geo-Quiz Geographische Grundlagen

*Weltraum, Erdteile, Europa, Deutschland ... die Bereiche Weltraum, Erdteile, Europa und Deutschland werden als geographisches Grundlagenwissen auf spielerische Art und Weise behandelt. Dabei stehen zu jedem der vier Bereiche unterschiedliche Spielmöglichkeiten zur Verfügung. Es ist ebenso möglich, das Material als einfache und aufs wesentliche reduzierte Arbeitsblätter einzusetzen. Die 320 Quizaufgaben sind jeweils thematisch aufgeteilt.*

| 48 Seiten | 11 548 | ab 13,49 € |
|---|---|---|

## Lege- & Lernmaterial

*Gary M. Forester*

## Deutschlands Bundesländer

*Die Bundesländer werden kreisförmig angelegt. Die Segmente der Kreisringe werden entsprechend ihrem Bundesland zugeordnet. Sie enthalten Bilder und Karten auf der einen Seite, interessante Textinformationen auf der Rückseite. Das Material ist durch die ansprechenden Bilder und die vielen Informationen vielfältig einsetzbar.*

| FARBIG | 80 Seiten | 15 016 | ab 23,49 € |
|---|---|---|---|

*Autorenteam Kohl-Verlag*

## Kontinente Verschiedene Lebensräume der Erde

*Jeder Kontinent ist individuell, auf solche recht ähnlichen Vorstellungsbilder in den Schülerköpfen kann man zugreifen. Das machen die Legekarten, indem sie genau daran anknüpfen und das jeweils Charakteristische des Kontinents hervorheben. Der körperhafte Prozess des Auslegens trägt nachgewiesenermaßen zum Lernprozess bei. So prägen sich die präsentierten Punkte – Menschen, Landschaften, Tierarten, Vegetation, Klima – nachhaltig und anregend ein.*

| FARBIG | 48 Seiten | 15 057 | ab 18,49 € |
|---|---|---|---|

*Autorenteam Kohl-Verlag*

## Planeten Die acht Planeten des Sonnensystems

*Die in unserem Sonnensystem angeordneten Planeten werden im Legematerial nebeneinander in ein System gebracht. So entwickelt sich parallel beim Auslegen auch ein neurologisch nachgewiesenes „Körpergedächtnis", wenn die Schüler um das entstehende Werk „herumkrabbeln" müssen. So wird die Faszination des Themas „Planeten" hier optimal ausgenutzt.*

| FARBIG | 32 Seiten | 15 055 | ab 15,99 € |
|---|---|---|---|

*Autorenteam Kohl-Verlag*

**TIPP**

## Unsere Erde und das Sonnensystem

**Wunderschönes Lege- & Lernmaterial**

*Das Legematerial führt das Auge aus der Ferne des Weltalls in die Nähe der verschiedenen Himmelskörper. Die entstehenden Legesterne liefern einen übersichtlichen Eindruck und lassen uns diese spannenden Welten greifbar erscheinen. Zu jedem Legestern gibt es noch ein „Büchlein", das durch Fragen zum Inhalt den Lernerfolg zusätzlich erweitert.*

***Ein echter Hingucker für jeden Klassenraum!***

| Die Erde | 15 058 | FARBIG |
|---|---|---|
| Der Mond | 15 040 | |
| Die Sonne | 15 053 | je 36 Seiten |
| Der Mars | 15 060 | ab 15,99 € |